혼종의 나라

왜 우리는 분열하고
뒤섞이며 확장하는가

문소영 지음

Hybrid
Korea

혼종의 나라

왜 우리는
분열하고 뒤섞이며
확장하는가

문소영

지음

은행나무

혼종세대의 눈으로 바라본
이상하고 아름다운 혼종의 나라

"중국이나 일본의 미美를 짙은 화장과 화려한 의상으로 휘감은 요란스런 배우나 기생의 미라고 한다면, 우리의 미는 삼베옷을 입고 물동이를 머리에 얹은 이른 아침 시골 처녀의 미."

대한민국 초창기 한 주요 고고미술사학자가 한 말이다. 요즘이 말을 인용하는 사람을 본 적이 없지만 X세대인 나의 어린 시절만 해도 선생님들이 인용하곤 했고 내 기억이 맞다면 교과서에도 나온 적이 있었다. 그리고 이 말을 들을 때마다 어린 나는 생각했다. 그렇다면 한국 사람인 게 싫다고,

그러다 우연히 백과사전에서 고려 불화인 혜허慧虛의 〈수월관음도水月觀音圖〉(일명 〈물방울 관음〉)를 보게 되었고 뛸 듯이 기쁘면서 한국인인 게 자랑스러워졌다. 어린 눈으로 보기에도 요란하지 않은 고귀한 화려함과 신비로움이 가득한 그림이었으니 말이다. '한국의 미는 소박미'라는 소리를 귀에 못 박히게 들었기에 그 그림은 '이국적'이었다. 하지만 분명히 한국의 그림이었다. 그때부터 가슴속에 의문을 품기 시작했다 ─ '한국적'인 게 과연 무엇인지에 관해서.

나는 X세대다. 청소년기에 서태지에 열광하며 K팝을 듣기 시작했고, 경제성장과 민주화의 여파로 어학연수와 배낭여행 붐이 일어나던 시절 대학에 가서, 어학연수하면서 얻어걸린 미국 대학 스웨트 셔츠를 입고 캠퍼스를 돌아다니며 고학번 운동권 선배들이 반미 구호 외치는 모습도 보곤 했다. 여전히 방송에서 한국의 미와 정서가 소박함과 '한恨'이라는 소리를 들으며 청승맞다고 짜증을 냈고, 어설프게 그리스 신전을 흉내 낸 기둥을 장식한 예식장에서 현란한 색깔의 뻣뻣한 한복을 입고 나오는 사람들을 보며 (그때는 지금처럼 한복 색깔이 조화롭지 않았다) 눈살을 찌푸렸다.

하지만 어느 순간부터 그 '짬뽕' 문화가 최정화 작가의 위트 넘치는 동시대 미술로 승화되고, 광화문이 축제와 월드컵 거리

응원부터 각종 대규모 집회·시위로 넘쳐나면서, 한의 정서 이야기는 쑥 들어가고 그 자리를 흥興과 분노와 열기와 역동성이 채우는 것을 목격하게 되었다. 사회에 나가 영어신문사에서 외국인 에디터 및 유학파 기자들과 오래 일하면서 자유주의와 개인주의에 더욱 익숙해졌지만, 그 외의 장소에서는 그것이 유교적 가부장적 질서와 충돌하는 것도 종종 경험했다. 시간이 흐르면서 그 충돌이 점점 줄어드는 한편, 어느 부분에서는 끈질기게 남아있는 것도 목격했다. 그 사이 한류는 〈대장금〉부터 〈오징어 게임〉까지, 〈올드보이〉부터 〈기생충〉까지, H.O.T.부터 방탄소년단BTS과 블랙핑크까지, 엄청나게 성장하고 있었다. 이 모든 것을 거쳐오면서 내가 절감하게 된 것은 대한민국에서 본격적으로 혼종화되기 시작한 세대로서의 나의 혼종적 정체성, 그리고 우리 사회의 혼종성hybridity이다.

'끔찍한 혼종'이란 말이 있듯이 아직도 우리 사회에서는 혼종이 부정적인 의미로 쓰일 때가 많다. 그러나 페르시아와 로마 같은 모든 제국의 문화는 혼종이었다. 제국의 영향을 받은 문화식민지는 혼종성을 키움으로써 제국과 식민지의 경계를 무너뜨리고 문화권력을 전복할 수 있다. 탈식민주의 학자 호미 바바Homi Bhabha, 1949~가 말했듯이 순수성은 신화에 불과하고 '제3의 공간'인 혼종성에서 새로운 형태의 정체성이 출현할 수 있으며, 이러한 혼종적 정체성은 본질적으로 유동적이고 역동적이고 적응력이 강하며, 새롭고 혁신적인 무언가를 탄생시키기 때문이다.

나와 한국 사회의 혼종적 정체성에 대해 더 깊이 생각해보게 된 계기는 2019년 휴직을 하고 다녀온 영국 석사 유학이었다. 영국박물관(대영박물관), 내셔널갤러리, 테이트모던과 테이트브리튼, 빅토리아앤드앨버트 등 뮤지엄의 천국인 그곳에서 거의 2~3일에 한 번 꼴로 미술관·박물관을 찾았다. 그때 왕립미술원에서 〈라오콘 군상〉 캐스트(원작으로부터 본을 뜬 것)를 보며 많은 생각이 들었다. 몇백 년 전부터 미술원 아카데미 회원들이 드로잉하며 공부했던 것으로서, 그날도 열심히 드로잉을 하는 사람들을 볼 수 있었다.

〈라오콘 군상〉은 기원전 1~2세기 헬레니즘 시대의 걸작일 뿐만 아니라 서양미술사와 미술평론사 그 자체다. 한동안 실체는 안 보이고 고대 문헌을 통해 전설처럼 회자되다가 1506년 드라마틱하게 발굴된 후 유럽인들을 열광시키며 르네상스 미술의 진전을 가속화했다. 18세기 독일의 미술사학자 빙켈만Johann Joachim Winckelmann, 1717~1768이 '이 조각을 '고전미술' 즉 고대 그리스 미술의 모범이라고 한 후 예술의 '신고전주의' 시대가 도래했다. 그런데 빙켈만은 이 조각을 찬양하면서 조형예술이 문학보다 우월한 것처럼 썼기 때문에 당대의 또 다른 독일 평론가 레

싱Gotthold Ephraim Lessing, 1729~1781이 유명한 에세이 《라오콘》을
써서, 문학과 조형예술은 각각의 다른 잣대로 평가되어야 한다
고 반박했다. 이 에세이는 훗날 20세기 미국 평론가 그린버그
Clement Greenberg, 1909~1994에게 영감을 주어서 《더 새로운 라오콘
을 향하여》를 쓰게 했다. 여기에서 그는 회화는 문학 등 타 예술
장르로부터 독립적인 것이 최고봉이며 그런 순수한 회화가 바
로 추상화라고 역설해서, 미국 추상표현주의가 지배하는 세상을
열었다. 추상표현주의는 다시 한국의 단색화 세대 미술가에게
영향을 주었다.

　그러니 이 〈라오콘 군상〉 조각 하나에 얼마나 많은 겹겹의 생
각들이 얹혀 있는 것인가. 거기에 몇백 년에 걸쳐 그 캐스트를
드로잉하는 그 어마어마한 연속성은 또 어떤가. 런던에서 이런
것들을 볼 때마다 복잡한 마음이 들었다. 타의에 의해, 또 자의
에 의해 수많은 단절들이 있고 이제는 혼종적 정체성을 지닌 나
라에서 온 이방인으로서 말이다.

　그 '단절'은 단지 '나쁜 외세가 우리 조상의 전통을 단절시킨
것'만을 말하는 게 아니다. 일단 어느 쪽을 조상이라고 말해야
하는지부터 불분명하다. 조선시대는 한 줌의 사대부와 민중(심
지어 노비가 전체 인구의 30~40%를 차지)의 문화예술이 실질적인
언어부터 단절되어 있었다. 우리는 《조선왕조실록》과 주요 문학

을 한문에서 한글로 번역해야 읽을 수 있다. 영국에선 셰익스피어 시대부터 귀족과 목수·직공이 원형극장에서 〈햄릿〉을 같이 봤는데 말이다. 우리는 서구화·근대화에 의해 많은 전통이 단절됐지만 동시에 신분 간 단절은 통합되었다.

그렇게 형성된 한국의 현재 정체성이 혼잡하고 이상야릇하지만 (우리에게 〈라오콘 군상〉은 라오콘의 상반신만 갈라져 나와 한때 입시미술의 아이콘이 되었다) 그 신선한 정체성은 이런 늙은 제국들을 위협하는 잠재력이기도 하다. 나, 조선시대였다면 사대부도 남성도 아니라서 철저한 마이너리티인 '나'는, '나'를 구원한 근대화가 시작된 곳이며, '나'를 억압한 제국주의의 원흉이며, '나'의 잡종·혼종적 정체성의 뿌리 중 하나인 영국에 가서, 계속 애증의 양가적 느낌을 가질 수밖에 없었던 것이다.

그때 나와 한국 사회의 혼종적 정체성에 대해 자신감을 갖게 해준 존재들 중에 바로 봉준호 감독의 〈기생충〉과 BTS가 있었다. 런던 생활의 플랏메이트(영국은 아파트를 '플랏'이라고 한다)인 젊은 대만 여성 피비Phebe는 BTS의 세계적 팬덤 '아미ARMY'의 일원이었다. BTS가 한국인뿐 아니라 동아시아인에 대한 영국인들의 인식을 어떻게 바꿨는지, 영미 위주의 팝 문화에 어떤 균열을 냈는지 이야기해주었다. 또한 영화 〈기생충〉이 장안의 화제여서 언론은 물론 내가 다닌 런던대학교 골드스미스 칼리지 교수들과 학생들 사이에 토론거리로 떠오를 정도였다. 한국의 특수한 상황과 세계의 보편적인 자본주의 현실이 잘 결합된 〈기생충〉의 이야기를 모두 재미있어 했다. 나 역시 영국이라는 새로운 공간적·문화적 맥락에서 〈기생충〉의 흥미로운 지점들을 추가로 발견할 수 있었다. 특히 골드스미스 수업에서 독일 철학자 발터 벤야민Walter Benjamin, 1892~1940의 단편 저술 〈종교로서의 자본주의〉를 접하면서 벤야민이 논한 자본주의의 종교적 특성과 〈기생충〉의 연결지점을 보게 되었고, 점점 유교 등 기존의 종교를 자본주의가 대체하고 있는 한국 사회의 모습을 생각해보게 되었다(그것은 이 책의 제1장과도 연결된다).

영국에서 한국의 혼종적 정체성의 힘을 실감하게 되었지만 또한 한국과 서구의 여전한 문화적 차이도 보게 되었다. 유학 후반기에 코로나19가 덮쳐 왔다. 영국 언론은 코로나19에 먼저 노출된 후 효율적으로 대처하고 있는 한국의 상황을 진지하게 다루면서 그 의료 시스템은 칭찬하면서도 확진자 동선 공개 시스템 등 프라이버시 침해에 대해서는 이해하지 못하겠다는 반응이었다. 깊이 있는 분석 없이 동아시아의 유교문화와 한국의 군사정권 시절의 통제 분위기를 서구 중심 시각에서 언급하는 게 고작이었다. 영국인들은 '자유를 잃느니 죽음을'이라는 의식이 강했는데, 결과적으로 코로나19 사망률이 무척 높았지만 그럼에도 처음에 생필품 사재기 사태가 일어났을 때 빼고는 비교적 평화로운 분위기였다. 한국 언론은 이것을 이해하지 못했다. 유럽의 상황은 뉴스에서 지옥처럼 묘사되고 코로나 방역 정책에 의문을 제기하는 유럽인들은 정신 나간 사람들처럼만 묘사될 뿐이었다. 양측의 문화적 차이에 따른 대응 방식들의 차이에 대해 영국이나 한국이나 서로에 대한 깊이 있는 분석이 없었다. 그때 실감한 것은 영국을 비롯한 서구는 진보주의자들이라고 해도 여전히 서구 중심 시각에서 벗어나지 못했다는 것, 그리고 반대로 한국은 여전히 강한 민족주의적 시각에 사로잡힌 채, 그 높아진 세계 위상에도 불구하고 세계문제에 대한 관심이 적다는 것이었다 — 오로지 우리가 외국, 그것도 서구에서 칭찬받아 이른바 '국뽕'을 충족시키는 것 외에는.

이 모든 것들에게 대해 깊이 생각해보게 된 후 나는 귀국하고 복직해서 이 생각들을 바탕으로 한 칼럼 '문화가 암시하는 사회'를 〈중앙일보〉에 연재하게 되었다. 이 책은 그 칼럼들을 바탕으로 해서 한국의 혼종성이 만들어내는 우리 사회의 현재 모습과 가까운 미래의 빛과 그림자에 대해 말하고 있다.

이 책에서는 그러한 우리 사회의 혼종적 상황과 특성을 7가지 테마 — 돈, 손절과 리셋, 반지성주의, 하이브리드 한류, 신개념 전통, 일상의 마이크로 정치, 포스트 코로나와 인공지능 ― 로 풀어보았다.

제1장 '돈'은 앞서 말한 대로 유교 등의 전통 가치관을 자본주의가 대체하는 상황에 대한 것이다. 〈기생충〉 대사 "부자니까 착한 거야"가 유행하고, 금수저 셀럽(유명인을 뜻하는 영어 단어 셀러브리티celebrity의 줄임말)들은 종교화된 자본주의의 성자들이 되어 소셜미디어에서 자신들의 럭셔리 라이프를 팔아서 돈 자랑으로 돈벌이를 한다. 셀럽이 아닌 일반인조차 '당신의 브랜드 가치를 올려라'라는 자기계발서의 가르침에 따라 스스로 상품인 동시에 상품을 파는 기업가로서 소셜미디어에 자신을 홍보한다. 여기에 달리는 구독자와 '좋아요' 숫자는 '나-상품'의 값을 반영한다.

제2장은 '손절과 리셋'은 아직 남아 있는 유교적·집단주의적 가치관과 자유주의·개인주의가 혼재하는 상황에서 인간관계 정리를 둘러싼 논쟁이 그 어느 때보다도 치열한 상황에 대한 이야기다. '가족의 화해와 봉합'이라는 미명 아래 막장 드라마보다 더한 가족 관찰·상담 예능을 우리가 욕하면서 계속 보는 것은 바로 이런 배경에서다. 게임에 익숙한 세대는 시궁창 같은 인간관계와 인생을 게임처럼 단숨에 리셋해버리고 싶은 욕망을 키운다. 그 욕망에 부응해서 나온 것이 '회빙환' 즉 회귀·빙의·환생을 다룬 웹소설·웹툰·드라마다.

제3장 '반지성주의'는 이런 혼종적 상황에서 다양성의 긍정적 에너지 대신 혼란을 부추기는 반지성주의에 대한 것이다. 진실은 복잡한 경우가 많고 그러면 복잡하게 설명할 수밖에 없건만, 참을성이 없어진 우리는 인터넷과 소셜미디어에 넘쳐나는 선동 같은 단문 '진실'에 유혹된다. 민주주의와 평등이 중요하지만 그게 '무지와 지식의 평등'이나 '모든 정보의 질적 평등'이 결코 아닌데 그렇게 오해된다고 전문가들은 탄식한다.

　제4장 '하이브리드 한류'는 '가장 한국적인 것이 가장 세계적이다'라는 말에 대한 반박으로 시작한다. 외국인이 가장 선호하는 '한식'은 치킨이다. 넷플릭스 사상 최대 히트작 〈오징어 게임〉은 세계보편적인 것과 한국적인 것, 진부함과 참신함을 정교하게 잘 버무렸는데, 이러한 배합의 기술 자체가 할리우드의 영향을 강하게 받은 것이다. BTS로 대표되는 K팝 등 한류의 최신 주자들은 '가장 한국적'이라기보다는 오히려 '한국적이지 않은 동시에 한국적'인 것, 즉 하이브리드다. 혼종적이고 다문화적인 것은 대국의 특징이다. 지금 한국은 경제와 문화에 있어서 역사상 최초로 세계적 대국의 문턱에 와 있다. 하지만 한국인들의 마인드는 아직 대국적이지 못하다.

　'한국적이지 않으면서 한국적인' 혼종성은 제5장 '신개념 전통'으로 이어진다. 사실 '전통'의 정의와 범위조차 매우 모호해서, 우리가 막연하게 '오랜 전통'이라 생각하는 게 사실은 현대의 산물인 경우가 많다. 백자원호는 18세기부터 있었지만 그것이 '달항아리'라는 네이밍의 힘으로 '한국미의 정수'가 된 것은 20~21세기의 일이다. '민족 영웅'의 표준영정과 동상이 신성시되지만, 표준영정은 상상의 초상화이며, 동상은 서구의 전통이다. 민족주의와 서구문화가 '짬뽕'이 된 기이한 혼종성이 가장 강렬하게 구현된 곳 중 하나는 최근 개방된 청와대다.

제6장 '일상의 마이크로 정치'는 산업화와 민주화를 거친 이후 정치적 담론이 다양해진 상황을 다룬다. 고전적인 좌우 논쟁뿐만 아니라 인종·성별·성적 지향·종교 등 특정 정체성에 기반한 정체성 정치, 그와 관련된 정치적 올바름PC, Political Correctness 문제, 환경 문제, 동물권 문제 등등에 대한 논쟁이 활발해졌다. 바람직한 일이지만 새로운 갈등이 만들어지기도 한다. 그러한 갈등과 극복방안을 미백과 인종주의 문제, PC와 표현의 자유가 충돌하는 경우, 팬덤정치 등의 이슈로 살펴본다.

제7장은 제목 그대로 '포스트 코로나와 인공지능'에 대한 것이다. 코로나19는 많은 것을 바꾸어놓았고 디지털화를 가속화했다. 팬데믹이 종식될 무렵 생성형 인공지능이 대중화되었다. 인간과 비인간의 경계를 허무는 인공지능은 그 자체로 혼종적이다. SF 영화에서처럼 인공지능이 인간보다 탁월한 능력으로

인류 전체를 위협하는 것은 가까운 미래의 일은 아닐지도 모른다. 그러나 인공지능을 활용할 수 있는 인간과 그렇지 않은 인간 사이의 양극화 문제는 바로 눈앞에 닥친 문제다.

결국 이 모든 이야기들은 '이상하고 아름다운 혼종의 나라'인 대한민국 사회의 현주소와 가까운 미래에 대한 것이다. 그것을 한국에서 처음 본격적으로 혼종화되기 시작한 세대인 X세대의 눈으로 주로 인문·예술·대중문화의 영역을 통해서 바라본 것이다. 한국 사회가 스스로의 혼종적 모습을 고찰하고 그 힘과 문제점을 파악해 독특한 하이브리드 정체성이 갖는 잠재력을 세계적인 맥락에서 제대로 떨치기를 소망하며 이 책을 썼다. 이 책의 출간에 애써주신 은행나무 관계자분들께 진심으로 감사하며, 또한 추천사를 써주신 사회학자 송호근 교수님을 비롯해서 이 책을 쓰는 데 영감을 주신 모든 분들께 진심으로 감사한다. 내 정체성을 형성해준 가족, 특히 내 글의 제1조언자인 동생 문혜영 변호사에게 애정을 전한다.

2024년 3월 서울에서

문소영

차례

1장

돈

영화 〈기생충〉에 이런 대사가 나온다. "'부잔데 착해'가 아니라 부자니까 착한 거지." 영화뿐만이 아니다. 요즘 인터넷 커뮤니티에서 "부자들이 싸가지 없을 줄 알았더니 오히려 더 친절해서 왠지 모를 박탈감과 자괴감을 느꼈다" 같은 글을 많이 볼 수 있다. 왜 자괴감이 느껴질까. 그것은 발터 벤야민이 말한 '죄의식'과 같은 것이다. 일종의 종교가 된 자본주의가 그리스도교의 '원죄' 의식처럼 '죄의식'을 끝없이 퍼뜨린다고 벤야민은 말했다. 못 벌고 못난 '루저'인 것에 죄의식 말이다.

자본주의가 종교가 되니 거대 IT 기업 창업자들은 '예언자', '선지자'가 되어 이른바 '테슬람(테슬라 숭배자)' '앱등이(애플 숭배자)' 등의 신도를 거느린다. 또한 금수저 셀럽(유명인을 뜻하는 영어 단어 셀러브리티celebrity의 줄임말)들은 현대의 성자들로서 소셜미디어에서 자신들의 럭셔리 라이프를 팔아서 돈 자랑으로 돈벌이를 한다. 와중에 어느 금수저 콘셉트 유튜버는 짝퉁을 걸쳐서 진품 럭셔리 브랜드를 펑펑 살 수 있을 만큼 부자가 아닌게 드러나자 혹독한 비난을 받고 얼마간 활동 중단까지 해야 했다.

그런가 하면 대형 셀럽이 아닌 일반인조차 '당신의 브랜드 가치를 올려라'라는 자기계발서의 가르침에 따라 각 소셜미디어 성격에 맞춰 '나-상품'의 브랜드 이미지를 구축하고 홍보한다. 스스로 상품인 동시에 상품을 파는 기업가로서 말이다. 여기에 달리는 구독자와 '좋아요' 숫자는 '나-상품'의 값어치를 반영하는 것으로 여겨지고 종종 실제 돈벌이와 연결된다. 그래서 우리는 애타게 외친다. '구독과 좋아요, 부탁드려요!'

옛 가치관을 자본주의가 대체하면서 벌어지는 이 상황을 과연 자유주의 경제학자들은 좋아했을까? 철학자 벤야민과 미술가 앤디 워홀은 이에 대해 어떻게 예언했을까? 이 장은 그것에 대한 이야기다.

"부자니까 착한 거야"
종교를 대체한 자본주의

기택(송강호): 이 사모님이 참 순진해, 착하고. 부잔데 착하다니까.

충숙(장혜진): '부잔데 착해'가 아니라 부자니까 착한 거지, 뭔 소린지 알어? 솔직히 이 돈이 다 나한테 있었어 봐. 나는 더 착하지, 착해.

기택: 그건 그래. 네 엄마 말이 맞아. 부자들이 원래 순진해, 꼬인 게 없고. 부잣집은 또 애들이 구김살이 없어.

충숙: 다리미야, 다리미. 돈이 다리미라고. 구김살을 좌악 펴줘.

사상 최초로 비영어권 영화로서 아카데미 작품상을 수상한 봉준호 감독 영화 〈기생충〉(2019)에 나오는 대사다. 요즘 인터넷 커뮤니티에서 "배달 일을 하는데, 부자들이 싸가지 없을 줄 알았더니 오히려 더 친절했다", "여러 곳에서 편의점 알바를 해봤는데 가난한 동네일수록 진상 손님이 많더라" 등등의 글을 볼 때마다 저 대사가 머릿속에 재생된다. 1020세대가 많이 이용하는 게시판에 이런 글이 자주 보이는 데다가, '성급한 일반화'라는 반론보다 '불편한 진실', '그래서 무리해서라도 부자 동네로 가야 한다'는 등의 댓글이 현저히 많아진 게 최근 몇 년간의 트렌드다. 이제 부자는 경제자본뿐만 아니라 '착함'이라는 상징자본까지 차지한 상황이다.

어릴 때 부자는 악당이고 가난한 사람은 착하게 나오는 동화가 많았는데, 나는 그런 동화가 왠지 부당하게 느껴졌다. 하지만 이렇게 바뀐 분위기도 씁쓸하다. 부를 악으로 매도하지 않는 세상을 원했던 거지, 반대로 가난을 죄나 패배로 여기는 세상을 원했던 건 아니니까.

'루저' 죄의식을 퍼뜨리는 종교적 자본주의

"부자니까 착한 거"라는 〈기생충〉 충숙의 대사에는 자신이 착하지 못한 게 돈이 없기 때문이라는 합리화만 있는 게 아니라, 부자가 되지 못해 호감 가는 성격도 되지 못했다는 자괴감과 패배

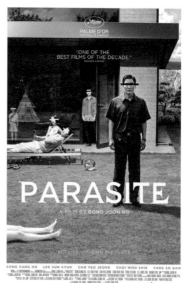

영화 〈기생충〉 해외 포스터. 수석을 주제로 한 포스터들이 많은데, 영화에서 수석은 종교화된 자본주의에서 성물의 역할을 담당한다.

감이 섞여 있다. 앞서의 배달원이 부자들이 더 친절한 것을 보고 뭔지 모를 "박탈감"과 "자괴감"을 느꼈다고 쓴 것처럼 말이다.

이 느낌은 독일 철학자 발터 벤야민Walter Benjamin, 1892~1940이 예언적 단편 저술 〈종교로서의 자본주의〉(1921)에서 말한 '슐트 Schuld'에 해당한다. 독일어 슐트는 '빚,' '부채의식,' '죄의식,' '죄'를 뭉뚱그려 의미하는데, 벤야민은 일종의 종교가 된 자본주의가 그리스도교의 '원죄' 의식처럼 이러한 슐트를 끝없이 증식시키고 퍼뜨린다고 했다. 한마디로 못 벌고 못난 '루저'인 것에 죄의식을 느끼는 세상인 것이다.

영화 〈기생충〉에서 자본주의 죄의식은 여러 형태로 펼쳐진다. 기택(송강호)이 자신의 가족들을 박 사장 저택에 입성시키기 위해 음모를 꾸며 쫓아낸 윤 기사에 대해 뒤늦게 걱정하자 그의 딸 기정(박소담)이 외친다. "우리는 우리가 제일 문제잖아. 우리 걱정만 하면 되잖아. 아빠, 아빠, 우리한테 집중 좀 해줘, 응? 우리한테! 윤 기사 말고 나한테! 제발 좀!"

여기서 기정은 기택이 가난한 아빠로서 가진 죄책감을 환기시키고 있다. 이 대사 역시 인터넷 커뮤니티에서 요즘 급증한 '가난하면 애 낳지 마세요', '흙수저 부모의 특징' 등등의 글들과 겹쳐 보인다. 이런 글들은 주로 1020세대가 가난한 집에서 태어나 겪고 있는 고충을 나열하고 "무책임하게 나를 낳은", 그리고 심지어 "빨대 꽂는" 부모를 원망하는 내용이다. "그건 가난이 문제가 아니라, 글쓴이 부모의 인성 문제다", "가난해도 사랑으로 키울 수 있지 않느냐"의 반론 댓글도 달리지만, "아무리 사랑으로 키운다 해도 자식의 박탈감은 못 메운다"는 재반박이 달리곤 한다.

한편, 〈기생충〉에서 기택과 충숙의 가족보다 더욱 '슐트'로 가득한 사람은 '지하실 남자' 근세다. 그는 실질적으로 많은 빚을 지고 채권자를 피해 박 사장 저택 지하벙커에 숨어 살고 있으며, 매일 밤 박 사장이 표지인물로 실린 비즈니스 잡지를 세워놓고 "오늘도 저를 먹여주시고 재워주시고… 리스펙트!"를 외치며 자신의 부채의식을 표현한다. 이 장면은 마치 종교 제례 같아서, "자본주의는 제의祭儀 종교다"라고 한 벤야민을 상기시킨다. 벤야민이 말하는 자본주의의 제의는 시장가치를 형성하는 매매·투자는 물론, 근세의 박 사장 숭배처럼 높은 시장가치를 지닌 존재에 대한 숭배를 포함한다.

실제로 지금 인터넷과 소셜미디어에서 가장 숭배받는 사람들은 누구인가? 미술가 잭 블래스Zach Blas, 1981~가 말했듯 현대에는 오로지 거대 IT 기업 창업자들만이 '선지자visionary'로 불린다. 또한 소셜미디어에서 플렉스flex, 즉 돈 자랑을 하는 셀럽들은 현대의 성자들이며, 그들은 그 이미지로 장사를 해서 더욱 돈을 번다.

우주 기업 스페이스X 창립자이자 테슬라 CEO인 일론 머스크 Elon Musk, 1971~에 대한 지지는 예전부터 '컬트' 즉 제의 종교에 비유돼왔다. 2021년 머스크 지지자들과 비트코인 지지자들 사이에 벌어진 소셜미디어상의 거대 설전은 거의 종교적 성전聖戰을 보는 느낌이었다.

이렇게 벤야민의 자본주의 종교화 예언이 실현되면서, 돈은 더 이상 수단이 아니라 그 자체가 최종 목적이며 유일한 가치가 되어가고 있다. 2020년에 10대들의 커뮤니티 게시판에 "100억 vs 서울대 의대" 중에 무엇을 고르겠냐는 글이 화제가 됐는데, 100억 원이 3,176표, 서울대 의대가 98표였다. 압권은 베댓(베스트 댓글)이었다. "잘 모르나 본데 설의(서울대 의대) 가는 이유가 대부분 돈 때문임. 설의 간다 해도 100억 못 버는데 당연히 암것도 안 하고 100억 고르지." 이 베댓은 608개의 '좋아요'를 받았다. 종교화된 자본주의의 복음서에 기록될 만한 말이다.

유교적 운동권의 위선에 대한 염증도 한몫

자본주의가 종교의 위치를 대체하는 것은 전 세계적 현상이다. 〈기생충〉이 프랑스 칸 영화제 황금종려상(작품상)과 미국 아카데미 작품상을 휩쓴 것도 그 현상을 공간적 상징(언덕 위 저택-반지하-지하 벙커)과 블랙 유머로 맛깔나게 풀어내 세계인의 공감을 얻었기 때문이다.

하지만 이 현상은 한국의 청년층에서 유난히 더 두드러진다. 과거 한반도를 500년 넘게 지배한 유교, 특히 조선식 주자학에 대한 거부감이 급격히 높아진 데다가, 그 유교의 계승자인 86세대 운동권이 최근 몇 년간 드러낸 문제들이 청년층의 반감에 쐐기를 박았기 때문이다.

정치학자 함재봉을 비롯해 여러 학자의 의견에 따르면, 2000년 이후 대한민국의 정치와 문화를 주도해온 86세대 운동권은 구한말 위정척사衛正斥邪파, 혹은 조선의 도덕 근본주의 사림士林파와 통하는 점이 많다. 모든 것을, 심지어 실리를 따져야 할 경제정책도, 선악善惡과 바르고 삿된 것正邪의 기준으로 판단한다. 일본 학자 오구라 기조小倉紀藏,1959~의 말처럼 "도덕지향적"이며, 도덕을 확보하면 부와 권력이 저절로 따라올 것으로 믿는다.

그런데 조선 역사를 봐도 알지만, 이런 도덕 근본주의자들이 반드시 도덕적으로 살며 부와 권력에 초연한 것이 아니다. 오히려 도덕 혹은 명분을 장악하기 위한 싸움을 치열하게 벌여 경쟁자를 절대 악惡으로 몰아가고 승리하면 권력과 부를 독차지하는 식이다. 남이 부를 탐하는 것은 부도덕이요 악이라고 비난하며 청빈을 설파하지만, 나의 부는 '절대 선^善인 나'에게 자연스럽게 주어진 특권으로서 어떻게 얻은 것이든 정당하다고 생각한다. 그러니까 자연스럽게 '내로남불'이 가능한 것이다. 많은 청년들이 86세대 운동권의 그러한 내로남불에 염증과 환멸을 느꼈다.

문제는 이에 대한 반작용으로 일어난 부에 대한 적극적 추구와 찬양이 종교 수준이 되어가고 있다는 것이다. 벤야민의 예언대로 종교화된 자본주의는 인간에게 기쁨을 줄 수 있는 다양한 가치를 오로지 부^富로 획일화하고, 돈 못 버는 '루저'로서의 죄의식과 더 많은 부를 향한 갈증으로 우리를 몰아넣어 불행하게 만든다.

애덤 스미스를 비롯해서 자유시장경제 철학의 기초를 세운 경제학자 중 그 누구도 시장과 자본주의 시스템과 돈을 인간 행복을 위한 도구로 여겼지, 그 자체를 목표이며 획일화된 최고 가치로 여기지 않았다. 특히 《자유론》과 《정치경제학 원론》을 쓴 존 스튜어트 밀John Stuart Mill, 1806~1873은 인류를 행복하게 할 핵심 요소가 자유와 개별성과 다양성이라고 보았고, 그것을 극대화하기 위해 과연 자본주의가 나은지 사회주의가 나은지 면밀히 검토했으며, 결국 전자의 편을 들었지만, 후자를 절충하는 여지도 남겨놓았다.

하지만 이러한 진정한 자유주의와 개별성에 대한 담론은 그간 좌우 모두 조선식 유교의 그늘에서 벗어나지 못한 한국에서 이제야 조금씩 논의되고 있는 형편이다. 조선식 유교의 가치체계가 그 위선으로 자멸하고, 그 반작용으로, 수단이어야 할 자본주의가 종교가 되어버리고 있는 지금 우리에게는, 특히 청년세대에게는, 새로운 가치체계가 절실하다.

금수저 마케팅

돈 자랑으로 돈벌이하는 시대

2022년 초 '송OO 짝퉁 착용 논란'은 여러 가지로 기이한 현상이었다. 인기 패션·뷰티 유튜버 송 씨는 그녀가 출연한 연애 리얼리티 쇼 〈솔로지옥〉이 넷플릭스에서 세계적으로 히트를 치면서 국제적인 스타로 떠올랐다. 하지만 불과 3주 후 의혹과 비난에 대한 자필 사과문을 올린 후 활동을 중단했다. 그 후 논란의 열기가 식으며 다섯 달 후에 활동을 재개했다. 하지만 당시의 급부상과 급추락은 소셜미디어 시대의 적나라한 단면으로 기억되고 있다.

더욱 기이한 것은 그 당시 추락의 원인이 다름 아니라 그녀가 〈솔로지옥〉과 유튜브 방송에 걸치고 나온 샤넬, 디올 등 이른바 명품 브랜드 옷과 장신구 다수가 '짝퉁'이었다는 것이다. 물론 위조품을 구입하고 방송에서 착용하는 것은 지적재산권을 무시하고 디자이너의 창작 의욕을 꺾는 잘못된 행위다. 하지만 그렇다고 송 씨가 짝퉁을 제조·유통한 것도 아니었고 음주운전 같은 다른 형사범죄를 저지른 것도 아니었다. 그런데도 이 사건이 이토록 화제가 되고 비난이 폭주한 이유는 무엇이었을까?

송 씨가 "전 세계인이 보는 넷플릭스에서 이런 짓을 저질러서" 분노한다는 사람들도 있었다. 과연 〈솔로지옥〉의 인기를 반영하듯 홍콩의 〈사우스 차이나 모닝 포스트〉, 영국의 〈데일리 메일〉, 미국의 〈틴 보그〉 등 여러 해외 매체들이 그녀의 사과 소식을 전했다. 이걸 보며 더더욱 "나라 망신"이라고 격분하는 국내 네티즌과 언론도 있었다. 하지만 사실 외신은 송 씨의 모조품 착용보다도 그것에 크게 분노하는 한국인의 반응을 더 흥미롭게 보도했다.

미국 온라인 매체 〈버즈피드〉는 "[사과문이 발표된 후] 팬들의 반응은 엇갈렸는데, 한국인들 대다수는 그녀에게 기만과 현혹을 당했다는 느낌이라고 한 반면 (…) 많은 국제 팬들은 이 절약의 여왕을 옹호하는 쪽으로 기울었다"라고 보도했다. 〈버즈피드〉는 이것을 문화 차이로 보면서 어느 한국계 미국인의 말을 인용했다. "한국은 극도로 보수적인 문화를 지니고 있으며, [유명인이] 사람들에게 거짓말을 한다는 생각은 격노를 불러일으킨다." 하지만 과연 〈버즈피드〉의 분석이 맞을까? 한국에선 거짓말을 밥 먹듯이 하는 일부 정치인도 잘 살아남는데?

〈버즈피드〉 기사의 댓글 판에도 외국 독자들 간에 갑론을박이 벌어졌다. 한 독자는 "문제는 그녀가 가짜 브랜드를 입었다는 게 아니라 거짓말을 반복적으로 했다는 거야"라고 주장하면서 송 씨가 한강 뷰 럭셔리 아파트를 자신이 소유한 것처럼 소개했는데 알고 보니 월세살이였다는 점, 어릴 때부터 부유하게 자랐다고 말한 점 등을 지적했다. 또 다른 독자는 그 의견에 반박하며 "송 씨가 자기 지위에 대해 거짓말을 했다는 이유로 진흙탕에 처박아야 한다면 미국 인플루언서와 '셀럽' 90%도 같이 처박아야 할걸. 이 멍청한 온라인 유명인들이 어디어디에 산다고, 전용기를 타고 다닌다고, 돈 X만큼 가졌다고 거짓말할 때, 우리는 대개 그저 비웃고 우리 갈 길 가잖아. 그들의 도덕성이나 그 거짓말이 업계에 미칠 파문을 문제 삼지 않잖아"라고 하면서 송 씨가 과도하게 화살받이가 되고 있다고 주장했다.

사실 이 독자들의 의견은 송 씨 논란의 핵심을 담고 있다. 그들의 말처럼 이 사건이 화제가 된 것은 그녀가 저작권 침해를 했기 때문보다도 그녀가 '금수저'를 물고 태어난 0.1% 부자인 것처럼 행동했는데 생각만큼 금수저가 아닌 것이 밝혀졌기 때문이다. 거기에 기만당하고 배신당했다는 느낌을 강하게 받는 사람도 있고 그냥 가볍게 비웃고 마는 사람도 있을 텐데 지금 한국 사회에 전자의 사람들이 의외로 많아 사건이 커진 것이었다. 당시 한국 네티즌들이 온라인 커뮤니티에 올린 다음 글들이 그 현상을 요약해준다.

> "본인을 사랑해서 최고의 물건들만 취급하는 자존감 높고 고급스러운 삶의 '영앤리치(영 앤드 리치 young and rich)' 이미지였는데, 실상은 그렇지 못하고 철저하게 만들어진 콘셉트라는 게 문제."
> "과하게 욕먹는 이유 이거 같음. 그냥 요새 우리나라 금수저 띄워주기 이런 거 너무 심해져서 송OO가 타깃된 것 같음."

타고난 부가 재능이 되는 시대

만약 송 씨가 연기나 노래, 춤으로 명성을 얻은 배우나 아이돌 가수였다면 짝퉁을 걸쳤다고 해도 잠시 웃음거리가 되고 말 뿐, 유명인으로서의 정체성과 활동의 존속 자체를 위협받는 일은 없을 것이다. 하지만 송 씨는 어떤 재능을 보여준 게 아니라 오로지 자연스럽고 털털한 태도로 부유한 생활을 하며 럭셔리 브랜드를 사고 걸치는 것으로써 유명해졌다. 즉 부유함을 타고 나서 거기에 익숙한 '영앤리치'함이 일종의 재능으로 받아들여진 것이다. 가창력으로 뜬 가수가 립싱크를 했다는 의혹을 받아 그 재능을 의심받으면 무너지는 것처럼, 부를 타고난 게 재능으로 여겨졌던 사람이 그것을 의심받으면 무너지게 된다.

언제부터인지 몰라도 요즘 한국 사회는, 특히 송 씨에게 열광했던 1020세대는, 타고난 부를 재능처럼 여기며 선망하고 숭상하는 모습을 보인다. 1980년대에 모 육상선수가 너무 가난해서라면만 먹으면서 훈련했다는 이야기에 전 국민이 감동하며 열광했던 건 이미 아득한 옛날 일이 되었다.

심지어 2000년대에 데뷔한 어느 톱스타 가수의 경우, 한때 그의 인기가 급락했던 이유 중 하나가 그가 "어린 시절 극심한 가난과 자신의 노력 이야기를 너무 강조해서, 마치 꼰대 설교 듣는 것 같아서"라는 평도 있을 정도다. 이제는 많은 이들이 "노오력"의 압박감을 주는 자수성가 성공담보다 부를 타고난 '영앤리치' 유명인이 숨쉬듯 자연스럽게 럭셔리 소비를 하는 걸 보며 대리만족하는 상황이다.

이것이야말로 미국의 경제학자 소스타인 베블런Thorstein Veblen,1857~1929이 신랄하게 비판했던, 땀 흘려 일하는 것을 기피하는 유한계급leisure class과 그들의 과시를 위한 소비conspicuous consumption를 선망하고 숭배하는 현실이다. 경제사회구조가 역동적이고 벤처 창업과 전문직이 각광받으며 계층 이동이 활발한 시기에는 '열심히 일하는 부자'에 대한 선망으로 베블런의 유한계급론이 상대적으로 힘을 잃곤 하는데, 지금 유한계급론이 다시 힘을 얻고 있는 것은 현재의 경제사회구조가 그렇지 못하다는 방증이다. 게다가 19세기 말의 베블런으로서는 예측하지 못했던 상황이 펼쳐지고 있다. 그것은 과시적 소비 자체가 소셜미디어를 타고 돈벌이가 된다는 점이다.

'금수저 마케팅'의 부상

'부자고 돈을 펑펑 씀으로써 오히려 더욱 돈을 버는' 대표적인 예는 바로 미국의 패리스 힐튼Paris Hilton, 1981~이다. 힐튼의 경우에는 힐튼 호텔 창업주의 증손녀로서 실제 금수저라고 할 수 있는데, 특별한 재능을 선보이는 일 없이 오로지 뉴욕의 각종 파티에 자주 나타나고 구설에 오를 행동과 화려한 소비를 많이 함으로써 '철없는 사고뭉치 상속녀'로 점차 유명해졌다. 그러다가 2000년대 초에 럭셔리하고 자유분방한 자신의 생활을 그대로 노출하는 TV 리얼리티 쇼에 출연해서 전 세계적인 스타가 되었다. 그녀는 그저 "유명한 걸로 유명한famous for being famous" 유명인의 대명사로 여겨진다.

주목할 것은 힐튼의 다음 행보다. 그녀는 그저 유명해지는 것에 만족하지 않고 그것을 이용해 각종 사업을 벌였다. 특히 그녀의 이름을 딴 향수 라인은 상당한 수익을 올린 것으로 알려져 있다. 이걸 보면 이 사람이 그냥 '철없는 상속녀'가 아니라 '다 계획이 있었구나'라는 생각이 든다. 이렇게 럭셔리하고 자유로운 '영앤리치'의 라이프스타일을 사람들에게 내보여서 이름을 알리고 선망의 대상이 된 다음, 그 인지도와 선망을 이용해 비즈니스를 하고 돈을 버는 것, 이것이 바로 유튜브와 인스타그램에서 활동하는 수많은 인플루언서들이 따라하는 방식이다.

문제는 그들 모두 힐튼처럼 진짜 금수저이기는 어렵다는 것이다. 그런데 소셜미디어에서 인플루언서의 럭셔리 라이프스타일을 보며 대리만족하는 사람들은 그 인플루언서가 진짜 금수저여야만 일종의 재능으로 인정하고 인플루언서가 자신의 라이프스타일과 취향을 파는 비즈니스에 기꺼이 지갑을 연다.

송 씨도 힐튼처럼 자신의 브랜드를 론칭할 계획이었다. 하지만 짝퉁을 걸침으로써 진품 럭셔리 브랜드를 펑펑 살 수 있을 만큼 부자는 아님이 드러나자, 사람들은 배신감을 표하며 그녀를 혹독하게 비난했다. 물론 저작권 침해와 거짓말은 결코 옳은 일이 아니다. 하지만 진짜 금수저가 아니기에 비난받는 현실, 그리고 진짜 금수저는 그 자격을 인정받아 자신의 럭셔리한 삶 자체로 앉아서 돈을 버는, 즉 돈 자랑으로 돈벌이를 하는, 그래서 부자가 더욱 부자가 되는 이 현실은 상당히 기괴하지 않은가?

부자와 미술

부자들은 왜 난해한 현대미술을 살까

대개 미술 기사에는 댓글이 많이 달리지 않지만 예외도 있다. 어떤 그림이 어마어마한 값에 팔렸다는 뉴스처럼 미술과 돈이 얽혀 있을 때 말이다.

지난 2019년, 현대미술 거장 김환기1913~1974의 추상화 〈05-IV-71 #200 우주〉(1971)가 홍콩 크리스티 경매에서 132억 원에 낙찰되어 한국 미술 신기록을 세웠을 때도 관련 기사들에 모처럼 많은 댓글이 달렸다. 재미있는 것은 악플이 더 많았다는 것이다. 네이버 뉴스에서 '좋아요'를 많이 받은 댓글들은 이랬다.

"그들 눈에는 뭐가 보이는 걸까?"

김환기의 추상화 〈우주〉(위)가 2019년 홍콩 크리스티 경매에서 한국 미술 신기록을 세우는 모습(아래), 사진_연합뉴스, 윤소연

"이런 거 사는 사람들은 돈이 남아돌아서 사겠지?"

"막눈에게는 그저 매직아이일 뿐"

"재테크 수단이겠지 아님 증여나"

"미술품 = 그들만의 비트코인"

이 댓글들에 담겨 있는 현대미술에 대한 비난은 2가지다. 첫째, 이해하기 어렵다. 둘째, 부자들의 투기나 절세 수단이 되어 부자를 더욱 부자로 만들어준다. 이 2가지 비난은 프랑스 사회학자 피에르 부르디외Pierre Bourdieu, 1930~2002의 문화자본cultural capital 이론으로 보면 사실 서로 긴밀하게 연결된 것이다.

전통적인 미술美術의 정의는 술術, 즉 뛰어난 테크닉으로 미美, 즉 아름다움을 창출하는 것이다. 현대미술이 이해하기 어려운 것은 그 정의에서 점차 벗어나서 인문학적·다학제적 별별 실험을 아우르기 때문이다. 그나마 김환기 추상화는 전통적인 화폭에 그려져 있기라도 하지만, 이후 동시대 미술은 철학자 프레드릭 제임슨Fredric Jameson, 1934~이 말한 것처럼 비디오·퍼포먼스·텍스트에 이르는 온갖 장르의 "분류하기 힘든 혼합"이며 그 혼합으로 어떤 "개념"을 창출하는 게 목적이다.

방금 이 설명만 들어도 골치가 아파질 사람들이 많을 것이다. 현대미술의 이해는 지식을, 그것도 일상적이고 장기적인 공부로 쌓은 지식을 필요로 한다. 미술관에서는 "어려워하지 말고 그냥 느끼세요!"라고 외치지만, 마르셀 뒤샹Marcel Duchamp, 1887~1968의 변기 작품 〈샘〉을 보고 뭐라도 느끼려면 사실 지식이 필요하다. 그러려면 그 지식을 쌓고자 하는 성향이 필요한데, 이는 어릴 때부터 미술작품을 주변에서 많이 보아오는 것 등과 같은 환경에 의해 많이 좌우된다. 그러한 지식과 성향이 바로 부르디외가 말하는 문화자본에 속하는 것이다.

현대미술 이해에 필요한 문화자본, 특히 아비투스

부르디외는 자본이 경제자본economic capital뿐만 아니라 인맥 같은 사회(관계)자본social capital, 그리고 문화자본의 형태를 취할 수 있다고 했다. 문화자본에는 미술작품, 책 같은 문화 오브제와 석박사 학위처럼 제도적으로 인정받은 지식 등이 있다. 뿐만 아니라 교양 수준을 드러내는 말투나 예술에 대한 감식안처럼 몸에 자연스럽게 밴 성향과 기량까지 포함되는데, 이것을 부르디외는 '아비투스habitus'라고 불렀다.

소장한 미술작품을 팔아 돈을 얻을 수 있는 것처럼, 문화자본과 사회자본은 경제자본으로 전환될 수 있다. 경제자본 또한 문화자본과 사회자본으로 전환할 수 있는데, 부르디외에 따르면, 여기에는 상당한 시간과 공이 든다. 영화와 드라마에서 벼락부자가 상류사회로 진입하려 하지만 그 사회가 암묵적으로 요구하는 아비투스와 인맥이 없어서 고군분투하는 장면들을 떠올려보면 된다.

이를테면 JTBC 드라마 〈재벌집 막내아들〉(2022)에서 재벌가 둘째 며느리가 자신의 교양을 과시하며 졸부 집안 출신 첫째 며느리에게 이렇게 말하는 장면이 있다. "조카네 갤러리에서 윤형근·박서보 특별전 한다고 해서 그림 좀 사려 했죠. 단색화가 뭔지, 추상화는 또 뭔지 형님 아세요? 점묘법은요? 그림이라고는 일평생 방석 위의 동양화밖에 모르시잖아요." 그러자 분개한 첫째 며느리는 그녀에게 음료를 끼얹으며 "그래, 나는 사채업자 딸년이고! 너는 재경부 장관댁 따님이시다!"라고 외친다.

부르디외는 사회계급 구분이 재생산되는 과정에서 경제자본보다도 가정에서 축적되는 문화자본이 "가장 잘 숨겨져 있지만 (…) 가장 결정적인" 요소라고 주장했다. 사람이 태어나서 문화자본을 얻으려면 교육비를 댈 부모의 경제자본과 간접교육이 되는 부모의 문화자본이 중요하며 경제자본보다도 세습의 효과가 크다는 것이다. 이런 것들을 생각하면 계급갈등을 다룬 대표적인 영화인 봉준호 감독의 〈기생충〉(2019)과 임상수 감독의

〈하녀〉(2010)에서 상류층 자식들이 어릴 때부터 현대미술 교육을 받는 장면이 의미심장하게 다가온다.

그러니 현대미술은 상류층이 자신들을 다른 계층과 '구별짓기'할 수 있는 가장 확실한 수단 중 하나다. 게다가 경제적 이익도 있다. 어릴 때부터 문화자본을 축적한 상류층이 현대미술에 대한 차별화된 지식과 취향을 이용해서 미술계에 막강한 영향을 미친다. 그러면 그들이 선택하는 작가들이 유명해지고, 그런 작가들의 작품값이 오른다. 상류층이 되고 싶은 신흥부자들도 따라서 그들의 작품을 사고, 그래서 그 작가들의 작품값은 더욱 오른다. 상류층 부자들은 이것을 팔아서 차익을 거둠으로써 더욱 부자가 된다…. 부르디외 식으로 보면 이런 메커니즘이 그려지는데, 현실이 아니라고는 못 하리라.

계급을 지키는 투자와 순수한 후원의 공존

세계적 아트페어인 아트바젤Art Basel의 2020년 설문조사를 보자. 고액순자산high net worth 컬렉터로 분류되는, 순금융자산 백만 달러 이상을 가진 컬렉터들은, 왜 미술작품을 사느냐는 질문에 대해 (복수 응답 가능) 95%가 "미학적인 또는 장식적인 목적으로," 93%가 "나 자신을 표현하기 위해," 85%가 "투자 수익을 위해", 또 85%가 "포트폴리오 다양화를 위해"라고 답을 했다. 저 메커니즘을 뒷받침해주지 않는가.

하지만 이게 다일까. 부자나 엘리트 계층은 그저 그들의 높은 문화자본을 뽐내고 그 문화자본을 영리하게 경제자본으로 전환하기 위해 난해한 현대미술을 사는 걸까? 아트바젤 설문조사에서 컬렉터들의 92%는 "아티스트와 문화를 지원하고 싶어서"라고 답했고 86%는 "사회적 이유"라고 말했다.

우리나라에도 이런 컬렉터들이 있다. 거의 잊었던 화가 원계홍1923~1980의 탄생 100주년 기념전이 2023년 서울 성곡미술관에서 열리면서 입소문을 타고 큰 화제를 모은 적이 있다. "이런 화가가 있는 줄도 몰랐는데 그림이 정말 좋다", "에드워드 호퍼의 느낌이 있는데 또 다르다", "골목 풍경 연작으로 풍경화가 구성적일 수 있다는 걸 처음 느꼈고 무엇보다도 회색 톤의 색채가 정말 마음에 든다" 등등의 호평이 줄을 이었다. BTS 리더 RM도 전시장을 방문해 찍은 사진을 자신의 인스타그램 계정에 올렸고, 그 뒤로 젊은 세대를 포함한 방문객이 더욱 늘었다.

원계홍을 망각의 늪에서 건져낸 사람들은, 그의 그림이 좋아 그의 집까지 산 김태섭 전 서울장신대 학장과 '원계홍 미술관'을 꿈꾸며 그의 그림을 모으고 그림 달력을 만들어 최초로 대중에

(위) 원계홍, 〈수색역〉, 1979년, 캔버스에 유채, 45.5×53.2cm, 사진_박성훈
(아래) 원계홍, 〈회현동〉, 1979년, 캔버스에 유채, 80×65cm, 사진_박성훈

게 알린 윤영주 우드앤브릭 회장(크라운제과 창업주의 4남)이다. 돈 될 그림을 사서 차익을 남기고 파는 '아트테크'와는 담을 쌓은 채, 거의 잊힌 화가 원계홍의 그림을 순수한 팬심으로 수십 년 지킨 그들이 100주년 전시도 기획했다.

이들 외에도, 경제자본으로 전환할 가능성이 요원해 보이는, 지나치게 전위적인 작품과 새파란 나이의 작가들 작품만 골라서 구입하는 컬렉터들도 있다. 세상에 처음 나왔을 때는 외면받았으나 나중에 영화, 팝 음악, 디자인 같은 대중문화에까지 영감을 주는 현대미술가들이 이런 후원자들이 옆에 있었기에 살아남은 경우가 많다. 또한 쌓이는 적자를 감수하고서도 자신의 컬렉션을 미술관으로 공개해서 대중이 새로운 실험에 눈뜨게 하는 컬렉터들도 적지 않다. 너무 순수하게만 봐서도 안 되고 너무 삐딱하게만 봐서도 안 되는 게 아트 컬렉팅이며 미술관이라는 동네다.

'이래도 살래?' 하는 개념미술,
그러나 더 잘 팔린 현실

서울 아모레퍼시픽 뮤지엄 소장품 중에는 전설의 '개념미술conceptual art'관 작품인 조셉 코수스Joseph Kosuth, 1945~의 〈하나이면서 셋인 의자One and Three Chairs〉 스툴 버전이 있다. 진짜 의자, 의자를 찍은 사진 이미지, 그리고 의자의 사전적 정의를 설명한 텍스트 프린트로 구성된 작품이다. '의자'라는 집합적 대상을 제시하는 데에 다양한 방식이 있음을 일깨워주고 어떤 방식이 더 정확한지를 관람객이 생각해보게 하는 게 작품의 의도다.

여기서 '작품'은 저 의자도, 의자 사진도, 저 텍스트도 아니라, 코수스의 의도를 포함한 아이디어 혹은 개념 자체다. 그래서 이런 예술을 '개념미술'이라고 한다. 이 아이디어는 동시에 다른 장소에서 다른 의자와 의자 사진과 텍스트로 전시될 수 있다.

그런데 이렇게 아이디어가 작품이라면 팔기 힘들지 않을까? 실제로 1960년대 개념미술 운동이 처음 일어났을 때 '개념미술의 사도'였던 아트 딜러이자 큐레이터, 세스 시글럽Seth Siegelaub, 1945~2013은 그렇게 주장했다. 시글럽은 당시 미술이 투자하기 좋은 장식품으로 전락했다고 비난하며 개념미술은 부자의 소유물이 되기보다 동시다발적으로 많은 이들에게 보여질 수 있다고 자부했다.

그런데, 이런 작품도 팔렸다! 게다가 팔리기만 한 게 아니라 투기의 대상이 되었다. 1960년대 새롭게 떠오른 미국의 신흥 부유층은 경제자본뿐만 아니라 고학력의 높은 문화자본을 갖추고 있었고, 이 자본을 투자해 자신들을 차별화하고 더욱 상층으로 올라가 상류계급의 주도권을 쥐려는 야심을 갖고 있었다. 이들은 개념미술이 엄청난 투자 잠재력을 지녔음을, 즉, 그들에게 새롭고 지적인 멋진 부유층이라는 이미지(상징자본)와 금전적 수익(경제자본)을 안겨줄 수 있음을 감지하고 투기적으로 작품을 사들였다. 그 결과 개념미술 작품 가격은 폭등했고 투자자들은 원했던 결과를 얻었다.

미술사학자 알렉산더 알베로Alexander Alberro는 시글럽 자신도 결국 개념미술의 상품화에 기여했다고 본다. 개념미술의 컬렉터들은 코수스의 〈하나이면서 셋인 의자〉처럼 아이디어 자체가 작품인 것일지라도 투자수익을 거두기 위해 '진품'을 소유하고 싶어했다. 어떻게 이게 가능할까? 시글럽은 작가의 서명 또는 소유권 증명서를 양도하는 방법을 통해 그 요구를 맞춰주었다. 여러 작가도 이에 호응했다. 그런데 이것을 비난할 수 있을까? 작가도 경제적 수입이 있어야 작업을 계속할 수 있을 게아닌가.

이렇게 개념미술은 예술의 지평을 넓히고 예술이 부자들의 장식품으로 소비되는 것에 반기를 들었지만, 투기 대상이 되는 것을 피하지 못했다. 20세기, 나아가 지금의 21세기에 이르기까지 이러한 예술과 돈의 씨름은 계속되고 있다.

코수스, 〈하나이면서 셋인 의자〉, 1965년, 아모레퍼시픽 미술관에 전시된 모습, 사진_문소영

자기상품화
팝아트 거장이 예견한 '구독'과 '좋아요'

　2020년 전 세계 인스타그램은 '돌리 파튼 챌린지'로 떠들썩했다. 노익장을 과시하는 스타 가수 돌리 파튼Dolly Parton,1946~이 올린 한 장의 포스트가 시작이었다. 4개 소셜미디어에 각각 다르게 올릴 자신의 사진 4가지를 모아 놓은 포스트였다. 링크드인(직업 네트워크)에는 진지한 직장인 모습, 페이스북에는 친근한 모습, 인스타그램에는 '갬성' 샷, 그리고 틴더(데이트 상대 찾기 네트워크)에는 섹시한 모습을 올리는 식이었다. '맞아, 다들 저런 식으로 사진을 올리지' 하는 공감 속에 낄낄 웃으며 수십만 명이 #돌리파튼챌린지 해시태그를 달고 저마다의 4가지 모습을 올렸다.

돌리 파튼의 인스타그램 포스트와 이후 오르세 미술관, 메트로폴리탄 미술관, 반 고흐 미술관
등에서 연이어 올린 돌리 파튼 챌린지

사회학자들은 돌리 파튼 챌린지야말로 자본주의와 소셜미디어가 지배하는 사회에서 현대인의 '자기상품화 self-commodification'를 잘 보여주는 사례라고 말한다. '당신의 브랜드 가치를 올려라' 같은 말이 일상화된 오늘날, 우리는 스스로 상품인 동시에 상품을 파는 기업가로서 각 소셜미디어 성격에 맞춰 '나-상품'의 브랜드 이미지를 구축하고 홍보한다는 것이다. 여기에 달리는 팔로워 혹은 구독자 숫자와 '좋아요' 숫자에 집착하게 되는 것은 이것이 '나-상품'의 인지도와 값어치를 반영하는 것으로 여겨지기 때문이다. 그 숫자는 유튜브에서 실제 돈벌이와 직결된다.

돌리 파튼 챌린지는 현대인이 소셜미디어를 통해 스스로 '셀럽'이 되는 현상을 보여주기도 한다. 파튼은 전통 매스미디어로 뜬 대형 셀럽이지만, 그녀의 포스트가 큰 공감 속에 일반인 챌린지로 이어진 이유는 일반인도 소셜미디어를 활용해 셀럽처럼 미디어 이미지 관리를 하는 최근 현상을 간파해 친근하게 보여줬기 때문이었다.

'15분 명성' 예언과 만인의 셀럽화

만인의 '셀럽화' 시대가 도래했음을 알리며 2005년쯤부터 〈뉴욕 타임스〉 등 여러 언론이 써온 경구가 있다. "이제는 누구나 15명에게는 유명인이다." 이 말은 '팝아트 거장' 앤디 워홀Andy Warhol, 1928~1987이 1968년 전시 브로슈어에 쓴 다음과 같은 말을 변형한 것이다. "미래에는 누구나 15분 동안은 세계적으로 유명해질 것이다." 일반인이 독특한 버전의 '돌리 파튼 챌린지'나 그밖에 흥미로운 포스트를 올려 잠깐 동안 세계인의 '좋아요' 세례를 받곤 하는 것을 보니 워홀의 반세기 전 예언은 이제 현실이 된 것 같다.

게다가 사람들이 인스타그램에 셀럽 같은 분위기로 찍어 올린 사진들이 격자 구조로 모여 있는 걸 보면, 워홀 특유의 셀럽 초상화 연작, 즉 알록달록 여러 색깔로 반복되는 정사각형 형태로 스타의 초상화들을 한데 모아 격자 구조를 만든 모습과 놀랍도록 닮아 있다. 실제로 자신의 사진을 워홀의 셀럽 초상화처럼 만들어 인스타그램에 올릴 수 있게 해주는 효과 앱도 이미 여러 개 있다. 이들 이미지에는 공통점이 있다. 워홀 시대엔 신문지와 TV 화면에, 지금은 모두의 손에 들린 스마트폰에, 동시다발적으로 나타나 쉴 새 없이 보이고 즉각적으로 소비된다는 것이다.

워홀에게 마릴린 먼로의 얼굴과 엘비스 프레슬리의 포즈와 캠벨 수프 깡통과 코카콜라 병에는 공통점이 있었다. 모두 여기저기에서 반복해서 눈에 들어오는 이미지라는 것. 그리고 모두 '잘 팔리는 상품'이라는 것. 그래서 그는 실크스크린을 이용해 그들을 반복적인 이미지로 표현했다. 조수들을 동원해 쉴 새 없이 실크스크린을 찍어냈고, 그런 자신의 스튜디오를 아예 '공장 The Factory'이라고 불렀다. 그리고 그 '팩토리'에 다양한 연예계 스타와 스타 지망생을 불러 모으고, 그들을 작품에 등장시키며, 자신 또한 은빛 가발과 튀는 언행으로 브랜딩해 미디어에 부지런히 노출시켜가며 스스로를 셀럽화했다.

위홀은 미디어와 자본주의의 시대에는 많이 보이는 것 자체가 힘이 되고 돈이 된다는 것을, 가치가 있어서 유명해지는 것보다 유명해지면 가치가 생기는 세상이 됐다는 것을 누구보다 잘 알고 있었다. 현대의 소셜미디어 셀럽들은 워홀의 이 같은 전략을 충실히 따르고 있는 셈이다. 그래서 2018년 워홀 회고전 때 CNN 등 언론은 "소셜미디어 시대를 예견한 미술가", "리얼리티 쇼 스타(트럼프)가 대통령이 된 이 시대에 봐야 할 전시"라고 했다.

앤디 워홀이 미디어와 유명함과 돈의 역학 관계를 꿰뚫어 보게 된 것은 1962년 최초의 〈캠벨 수프 캔〉 그림을 발표해 팝아트의 총아로 떠오르기 이전부터였다. 미국 피츠버그의 가난한 슬로바키아 이민자 집안에서 태어난 그는 본명이 '앤드루 워홀라 Andrew Warhola Jr.'였는데, 카네기 공대에서 디자인을 전공하고 1949년 뉴욕으로 진출하면서 훨씬 미국적이고 발랄한 이름인 '앤디 워홀'로 개명했다. 셀프-브랜딩의 중요성을 일찍부터 알

앤디 워홀, 〈마릴린 딥티크(2면화)〉, 1962년, 2개의 캔버스에 실크스크린과 아크릴,
각 205.4×144.8cm, 테이트 갤러리_런던, 사진_문소영

았던 것이다.

뉴욕에서 그는 〈보그〉와 〈하퍼스 바자〉 등 유명 패션잡지의 일러스트레이터로 활약했고, 백화점 디스플레이 및 음반 커버 작업을 맡기도 했다. 화가로 전환할 무렵에는 이미 성공한 디자이너였다. 그의 산뜻한 팝아트에는 디자이너 경력에서 비롯된 뛰어난 감각이 녹아 있다. 하지만 그의 디자이너 경력이 더욱 중요한 이유는 미디어와 셀럽과 소비문화가 만나는 최전선에서 일하면서 그 속성을 통찰할 수 있었기 때문이다.

"나는 보여진다. 그러므로 나는 존재한다"

워홀은 자신이 즐겨 그린 코카콜라 병에 대해 이런 말을 한 적이 있다. "우린 모두 TV를 볼 수 있고, 거기엔 코카콜라가 나오고, 대통령도 코크를 마시고, 리즈 테일러도 코크를 마시고, 당신도 코크를 마실 수 있다." 이렇듯 워홀의 시대는 소비가 처음으로 본격적으로 민주화된 시대였다. 소비와 달리 창작과 생산은 대기업과 대형 셀럽들에 의해 독과점되었지만 말이다.

반면 현대에는 소셜미디어를 통해 수많은 콘텐츠 크리에이터들과 소형 셀럽들이 "15분 명성"을 얻으면서 창작과 생산도 민주화되는 것처럼 보인다(물론 미디어 플랫폼의 독과점을 지적하며 이는 허상에 불과하다는 견해도 많다). 문제는 민주화라는 빛의 이면에는 많이 보여지고 많이 팔려야 살아남는 대중문화의 속성상 사람들의 관심 구걸과 얄팍한 상품화를 가속화하는 어둠이 있다는 것이다. 워홀은 그 점 또한 너무나 잘 알고 있었다.

워홀은 "사람들이 당신에 대해 뭐라고 글을 쓰든 신경 쓰지 마라. 그저 글이 몇 인치인지(얼마나 긴지) 따져라"라는 말을 남겼다. "무플보다 악플이 낫다"의 선구적 발언이다. 연예인과 정치인은 물론이고, 별다른 직업 없이 오로지 사생활을 노출해 인기를 얻는 인스타그램·유튜브 스타들에게 있어서, 사람들의 관심은 가장 중요한 자본이다. 그래서 그들은 끊임없이 소셜미디어 조회 수로 숫자화되는 관심을 모으기 위해 애쓴다. 때로는 '어그로'라고 불리는, 물의를 빚을 언행까지 하면서. 즉 '보임'의 질보다 양이 중시되는 것이다. 사회학자 지그문트 바우만Zygmunt Bauman, 1925~2017이 개탄한 것처럼 "나는 보여진다. 그러므로 나는 존재한다"의 시대인 것이다. 질에 상관없이 그 보여짐의 양은 유튜브 광고 수입 같은 돈으로 연결된다. 보여짐에 대한 관심을 극대화하기 위해 유튜버들은 자신을 상품화해 내보이며 외친다. "구독과 좋아요, 부탁드려요!"

이런 문화에서 모든 것의 가치 기준은 얼마나 관심을 끌 수 있는지, 즉 얼마나 잘 팔리는 상품이 될 수 있는지로 획일화된다. 워홀의 초상화에는 연예인뿐 아니라 재클린 케네디, 엘리자베스 2세, 그리고 공산주의 지도자 레닌과 마오쩌둥까지 들어있다. 그들 모두 대중에게 끝없이 노출되고 관심을 모으는 유명인이며, 자본주의 사회에서는 그 유명함이 결국 누군가의 돈벌이로 이어질 테니 말이다. 워홀의 그림에서 그들은 모두 얄팍한 상품이 된다. 워홀은 이것을 진심으로 긍정한 것일까, 아니면 몰래 냉소한 것일까? 그것은 수수께끼로 남아 있다.

2장

손절과 리셋

'이런 사람 바로 손절해라', '가족을 손절해야 하나' 등등 사방에서 '손절' 소리가 들려온다. '손절'은 2018년 즈음부터 인간관계에 본격적으로 쓰이기 시작했지만 원래는 주식용어다. 사람과 관계를 끊을 때 쓰는 단어는 따로 있다. 불교적 단어인 '절연,' 유교적 단어인 '의절' 등등. 그런데도 왜 굳이 '손절'을 쓰게 됐을까? '손절'은 경제학적 비용편익분석에 의해 인간관계의 지속과 중단을 결정하는 자본주의적 단어다. 은연중에 인간을 물건 취급, 주식 취급하는 게 아닌지 걱정스러운 부분이다. 하지만 경제학적 의사결정이 부당한데도 집단의 전통과 관습에 의해 질질 끌어온 인간관계를 단호하게 정리하는 데 도움이 되는 것도 사실이다.

지금 한국 사회는 아직 남아 있는 옛 가치관과 자유주의·개인주의가 혼재하는 상황에서 그런 관계들의 정리를 둘러싼 논쟁이 그 어느 때보다도 치열하다. '가족의 화해와 봉합'이라는 미명 아래 막장 드라마보다 더 폭력적이고 선정적인 가족 관찰·상담 예능을 우리가 욕하면서 계속 보는 것은 바로 이런 배경에서다. '부모 노릇 안 해도 가족인가'처럼 가족관에 대해 근본적으로 변화된 질문을 담은 '구하라법' 등도 발의되었지만, 현실은 너무 복잡해서 법안이 몇 년째 계류 중이다.

그런 와중에 게임에 익숙한 세대는 이 복잡함을 피해서 시궁창 같은 인간관계와 인생을 게임처럼 단숨에 리셋해버리고 싶은 욕망을 키운다. 그 욕망에 부응해서 나온 것이 '회빙환' 즉 회귀·빙의·환생을 다룬 웹소설·웹툰·드라마다. 회방환 장르에는 복수극이 특히 많다. 회귀와 환생을 통해 순식간에 신분 상승을 하고 힘을 갖춰서 '내 인생을 망쳐놓은 것들'에게 복수하는 것이다. 하지만 회빙환 복수극의 인기는 현실에서 와신상담을 해도 인생역전과 통쾌한 복수가 불가능하며 다시 태어나는 수밖에 없다는 비관주의의 다른 얼굴일 수도 있다. 그럼에도 손절과 리셋의 욕망이 넘치기에 그것이 언어와 대중문화를 지배한다. 이 장은 그에 관한 이야기다.

손절

의절 대신 손절한다, 사람이 자본이 됐으니까

"손절해야 할 친구 유형 10가지"부터 "부모님을 손절하고 싶다"는 고백까지, 바야흐로 '손절'의 시대다. '손절'이 주식의 손절매, 그러니까, 매입가보다 떨어진 주식을 더 떨어지기 전에 손해를 감수하고 파는 것에서 비롯된 말임을 알면 어떤 때는 듣기 불편하다.

"학대 부모라면 '절연'할 수 있지만 '손절'한다고 표현하면 이상하지 않아? 친구와도 '절교'라는 말이 있는데 왜 맨날 '손절'한다고 하지? 사람이 주식도 아니고"라고 투덜거리자 20대 후배가 놀라며 말했다. "손절이 그런 뜻이었어요? 손을 털 듯 관계를 털어내서 손절인 줄 알았어요!"

아하, 이제는 '손절'의 본래 의미를 모르고 쓰는 사람도 많은 모양이다. 그럼에도 불구하고, 처음에 이 단어를 인간관계에 적용한 이들은 그 뜻을 잘 알고 썼을 것이다. 물의를 빚은 정치인이나 연예인의 경우, 그들과의 관계를 일종의 투자처럼 관리해온 당이나 기업이 손절한다는 표현은, 경제학적으로 인적자본 human capital 이론을 깔고 볼 때 틀린 표현이 아니니까 말이다.

손절과 매몰비용

손절은 '매몰비용 sunk cost' 개념과 관련이 있다. 매몰비용은 이미 지출한 비용으로서 향후 어떤 선택을 해도 회수할 수 없는 비용을 가리킨다. 따라서 어떤 결정을 할 때 이미 들어간 매몰비용을 고려하는 것은 비합리적인 것이 된다.

내게 매몰비용을 가르쳐준 건 경제학부 시절 교수님이었지만 지금까지 잊을 수 없게 해준 것은 한 친구였다. 그때 우리는 점심시간 후생관 식당에서 긴 줄을 선 끝에 배식대에 접근하고 있었다. 불행히도 내가 노리던 돈가스가 우리 앞에서 똑 떨어졌고 언제 다시 올지 모르는 상황이었다. 친구는 포기하고 다른 메뉴로 하자고 했고, 나는 "지금까지 줄 서서 기다린 게 아까워서 못한다"고 울부짖었다.

그러자 친구는 준엄하게 말했다. "우리는 경제학도잖아. 지금까지 서서 기다린 건 매몰비용이야. 얼마나 더 기다려야 할지(앞으로의 비용)와 돈가스의 맛있음(앞으로의 효용)을 비교해서 그래도 더 기다리겠다고 한다면 나도 네 결정을 따를 거야. 하지만 매몰비용은 고려하면 안 되는 거잖아." 수업시간에 배운 지식을 이런 데에 쓸 생각을 하다니, 나는 깊이 감동하여, 돈가스를 포기했다. 그 친구는 지금 경제학 교수가 되어 있다.

그 후 나는 문화 소비에서도 '손절의 왕'이 됐다. 처음에 재미있게 보던 연재 웹툰이나 드라마도 어느 순간 재미가 없어지면 가차없이 끊어버렸다. '지금까지 본 게 아까워서 계속 본다', '정으로 본다' 같은 건 내 사전에 없는 말이다.

그러나 인간관계를 매몰비용과 손절의 차원으로 생각해본 적은 없었다. 그래서 손절이라는 말이 유행하기 전, 인터넷에서 "20년 베프를 손절했다"고 쓴 글을 처음 봤을 때 약간 충격적이었다. 글의 내용은 이랬다. 글쓴이는 아무리 바빠도 친구의 고민을 들어주었고, 친구의 생일과 경조사를 물심양면으로 정성껏 챙겨왔는데, 친구는 전혀 그렇지 않았고 필요한 때만 글쓴이를 찾았다고 한다. 그래서 그동안 쓴 시간과 감정과 돈이 아깝지만 친구를 "과감히 손절"하겠다는 것이었다. 얌체 같은 친구와 절교하겠다는 것은 이상하지 않았다. 다만, '손절'이라는 표현을 쓴 것이 낯설었다.

글쓴이는 여기서 '손절'의 본래 의미를 알고 사용했다. 인간관계에 있어서 물질적인 것과 정신적인 것을 아우른 투자와 수익을 무의식적으로 따지고 있었기에, 자연스럽게 주식 투자에 쓰던 말 '손절'을 사람에 쓰게 된 것이다. 많은 현대인이 그렇다. 노벨 경제학상을 수상한 게리 베커Gary Becker, 1930~2014의 '인적자본 이론'과도 연결되는 부분이다.

인적자본 이론을 유럽 철학자들이 불편해한 이유

시카고학파 경제학자인 게리 베커에 따르면 우리 개인은 '나' 자신을 '인간 자본'으로 여기며 물질적·비물질적으로 '투자'를 한다. 대학원에 갈 것인가(교육), 헬스클럽을 다닐 것인가(건강 및 외모 관리), 새 소셜미디어 계정을 열 것인가(인맥 관리 및 자기홍보) 등등이 모두 투자 결정이다. 투자를 하는 이유는 물론 수익을 거두기 위해서인데, 그 수익은 더 높은 연봉과 지위부터 주관적 자기만족까지 포함한다. 그 수익으로 '나'라는 인적자본은 증대된다.

이 이론을 타인과의 관계에 응용해보면, '20년 베프 손절'의 글 쓴이는 친구라는 '자본'에 시간과 감정노동과 선물 등을 '투자'해 서 친구가 주는 정신적 위안 및 물질적·정신적 도움이라는 '수 익'을 거두고자 했다. 하지만 계속 마이너스 수익이 나올 상황이 니 지금까지의 투자를 매몰비용으로 생각하고 손절한 것이다.

미국에서 인적자본 이론이 처음 나왔을 때, 유럽의 철학자들 은 인간이 노동자인 동시에 '나'라는 자본을 경영하는 자본가가 되어 노동 대 자본의 이분법을 벗어나는 것에 흥미를 보였다. 하 지만 그러면서도, 이 이론이 인간의 도구화 및 상품화를 조장한 다고 우려했다. 특히 현대 철학의 거두 미셸 푸코Michel Fou-cault,1926~1984는 베커의 인적자본 이론이 모든 인간 행위와 모든 사회 현상을 경제학과 시장의 영역으로 흡수하는 신자유주의의 신호탄이라고 보았다.

경제학적 의사결정의 명암

'그게 왜 나쁜가?'라고 반박할 수 있다. 경제학적 의사결정은 집단의 관습에 의해, 또는 자신의 관성에 의해, 부당한데도 질질 끌어온 인간관계를 단호하게 정리하거나 교정하는 데 무척 도움이 되니까 말이다. 얌체 같은 "20년 베프"부터 자신을 부당하게 대우하는 연인이나 배우자나 그 친척과의 관계까지 말이다.

하지만 문제는 인간관계에서 '손절(매)'의 개념을 일상적으로 쓰다 보면, 철학자들이 우려한 대로 은연중에 인간을 물화物化하고 도구화하는 사고에 익숙해질 수 있다는 것이다.

우리가 무심코 쓰는 단어에는 그 사회를 지배하는 종교와 철학이 반영되곤 한다. '절연絶緣'은 불교에서 관계를 말하는 인연因緣을 끊는 것이니 불교적 단어다. '의절義絶'은 유교에서 사람 간의 도리를 가리키는 의義를 맺었던 것을 끊는다는 뜻이니 유교적 단어다. 그리고 '손절'은 경제학적 비용편익분석에 의해 인간관계의 지속과 중단을 결정하는 자본주의적 단어다. 불교적 '절연'이나 유교적 '의절' 대신 자본주의적 '손절'을 쓰는 시대, 이제 그 명암을 돌아볼 때가 된 것 같다.

회빙환과 K복수극
게임세대의 인생 역전 방법

《내 남편과 결혼해줘》. 2020년에 크게 히트한 네이버 웹소설인데, 제목부터 범상치 않은 막장의 기운을 뿜어낸다. 내용은 이렇다.

성실한 회사원인 주인공이 사내 결혼을 하는데, 남편은 주식 투자에서 단 한 번 대박을 친 뒤 주식에 빠져 회사도 때려치우고 재산을 탕진한다. 주인공은 혼자 생계를 책임지면서 독박 가사에, 적반하장인 남편의 폭력에, 시월드까지 겪다가 스트레스로 암에 걸린다. 급기야는 남편의 외도 현장까지 발견하는데 상대는 자신이 '베프'라고 여겼던 친구다. 주인공은 그들과의 몸싸움 와중에 어이없이 죽음을 맞는다. 하지만 곧 다시 깨어나는데 놀랍게도 10년 전 남편과 약혼하기 직전의 시절로 돌아와 있다.

주인공은 남편이 처음에 대박 쳤던 주식을 사서 야무지게 재테크를 하고 배신자 친구를 자기 대신 남편과 결혼시켜 둘을 함께 지옥에 빠뜨리기 위해 움직이는데….

자신의 기억과 그간 축적한 능력을 간직한 채 과거로 돌아가서 복수를 하거나 인생을 바꾸는 것. 2010년 이후 웹소설에서 흔해진 설정으로 아예 '회귀물'이라는 장르를 형성하고 있다. 비슷한 장르로 '환생물'과 '빙의물'이 있는데, 어느 날 깨어나 보니 역사 속 옛 왕국이나 환상적인 다른 세계의 인물로 환생했거나, 자신이 즐기던 게임이나 판타지 소설의 캐릭터에 빙의했거나 하는 식이다. 합쳐서 '회빙환'으로 부르곤 한다.

처음에 이들은 서브컬처에 불과했지만, 웹소설을 바탕으로 한 웹툰과 드라마가 증가하고 웹소설 자체의 독자층이 넓어지면서 점차 주류문화로 진입하고 있다. 《내 남편과 결혼해줘》 또한 네이버 웹툰과 tvN 드라마(2024)로 재탄생했다. 특히 포털 네이버와 카카오는 각각 해외 웹소설 플랫폼을 인수하면서 국내외 웹소설의 컨텐츠를 웹툰·TV시리즈·영화·게임으로 연결해서 디즈니처럼 종합적인 스토리텔링 엔터테인먼트 산업을 구축하겠다는 야심을 드러낸 바 있다.

드라마화된 회빙환 웹소설 중에 세계적 인기를 누린 경우도 있다. 배우 송중기가 주연으로 나온 JTBC 드라마 〈재벌집 막내

아들〉(2022)이 그 예다. 재벌기업 순양그룹의 직원인 주인공은 오너 가족의 각종 뒤처리 담당을 하다 장남 가족으로부터 토사구팽을 당해 횡령죄를 뒤집어쓴 채 살해당한다. 그 순간 과거로 회귀해서 그 재벌 장남의 어린 조카, 즉 창업주의 막내손자로 환생한다. 후계자 경쟁에서 승리해 그룹을 독차지함으로써 오너 가족에게 복수하기 위해, 한국경제사의 굵직한 사건들에 대해 전생에서 알고 온 정보와 전생에서 쌓은 투자 능력을 활용한다.

'이번 생은 망했어'에 담긴 비관주의

"아, 내가 과거로 돌아간다면 이러이러한 선택을 했을 텐데", "내가 그때 이걸 알았으면 이렇게 했을 텐데" 등등의 후회와 욕망은 우리가 보편적으로 가지는 것이다. 그러니 현재의 기억을 가지고 과거로 회귀하거나 내용을 잘 아는 게임·소설의 캐릭터로 환생해 각종 문제를 영리하게 해결하는 웹소설은 모두에게 쉽게 어필할 수 있다. 하지만 이 장르가 최근 10년간 특히 활발하게 양산되는 이유는 무엇일까.

한국 만화사를 연구하는 국문학자 서은영은 〈르몽드 디플로마티크〉에 기고한 글에서 회귀물의 주요 소비층에 대해 2가지 키워드를 제시한다. "이생망(이번 생은 망했다)의 세대" 그리고 "게임에 익숙한 세대". 빈부격차가 심화되고 계층 이동이 더욱 어려워진 상황에서 '흙수저' 청년층은 "인생 역전은 다시 태어나야 가능"하다고 냉소한다. 한편 그들은 게임에서 자신이 플레이하는 캐릭터가 죽으면 손쉽게 리셋하는 것에 익숙하다. 그렇게 게임을 다시 시작할 때 "세팅(세계관)은 그대로지만 플레이어의 능력치는 향상되었으므로 두 번 다시 '이생망'은 없다"고 서 박사는 말한다. 바로 이것이 회귀물 웹소설의 법칙인 것이다. 한편, 회빙환 웹소설이 범람하는 이유는 이른바 '사이다', 즉 통쾌함을 빨리 줄 수 있기 때문도 있다.

와신상담 기간 없는 빠른 '사이다'

과거 소설에는 주인공이 억울하게 고초를 겪는 '고구마' 상황이 한참 나온 다음, 복수를 준비하는 데에도 한참 걸리고 나서야 본격적인 복수가 펼쳐졌다. '화려하게 변신한 모습으로 돌아와서 시원하게 복수하는 이야기'의 고전인 알렉상드르 뒤마^{Alexandre Dumas, 1802~1870}의 《몽테크리스토 백작》(1844~1846)을 보자.

스물이 채 안 된 젊은 선원이었던 에드몽 당테스는 누명을 쓰고 무려 14년 동안 감옥에 갇혀 있으면서 동료 죄수인 천재적인 파리아 신부로부터 온갖 지식과 교양을 습득했다. 탈옥을 한 후에도 파리아 신부가 알려준 보물을 찾고, 백작 지위를 사들여 신분 세탁을 하고, 원수들의 뒷조사를 하고, 정교한 복수 계획의 조력자들을 만드느라 7~8년쯤 더 보낸 다음, 40대 초반부터 파리 사교계에 나타나 본격적인 복수를 시작한다. 고전의 명성에 걸맞게 이 모든 과정이 당시 프랑스 역사와 맞물려 흥미진진하게 펼쳐지지만, 현대의 독자들 다수는 너무 길다고 생각한다.

그리하여 나타난 것이 '막장 드라마의 대가'로 자리잡은 김순옥 작가의 출세작 드라마 〈아내의 유혹〉(2008~2009)이다. 가해자들에 의해 죽은 줄 알았던 주인공 구은재(장서희)가 용케 살아나 온갖 지식·교양을 습득하고 화려한 신분의 다른 사람으로 가장해서 원수들에게 접근하는 것이 《몽테크리스토 백작》과 닮은꼴이다.

그런데 구은재는 변신을 위해 각종 외국어·스포츠·댄스 등을 섭렵하는 데에 불과 몇 개월밖에 걸리지 않아서 시청자들로부터 전능한 '구느님'이라는 별명을 얻었다. 게다가, 몽테크리스토 백작은 20여 년 동안 자연스럽게 외모가 변해 옛 원수들이 알아보지 못한 반면, 구은재는 1년도 안 되어 원수들 앞에 다시 나타났는데도 눈 밑에 점이 새로 생겼기 때문에 원수들은 그저 닮은 사람이라고 쉽게 납득한다. 덕분에 드라마 방영 후 한참이 지난 지금까지도 눈 밑에 점 하나만 찍고 나타나면 알아보지 못하는 패러디가 나오고 있다. 시청자들은 이 어이없는 설정을 조롱하면서도 그 덕분에 엄청나게 빨라진 전개 속도에 환호했다.

여기에서 한발 더 나아가 최근의 회빙환 웹소설에서는 아예 주인공이 변신과 복수를 위해 새로 지식과 능력을 쌓는 기간이 따로 없다. 변신은 회귀·빙의·환생을 통해 자동적으로 이루어지고 지식은 이미 전생에서 고초를 겪는 동안에 다 습득했기 때문이다. 〈재벌집 막내아들〉의 경우에도, 주인공이 과거로 회귀해서 다른 이로 환생한다는 판타지적 설정을 통해 신분 상승 변신과 지식 습득이 너무나 쉽게 한 큐에 이루어진다.

변신 전의 '고구마' 고초 과정조차 〈아내의 유혹〉만 해도 30회가 걸렸지만 웹소설은 1, 2회에 압축된다(그보다 길어지면 독자들이 별점 테러를 하기 시작한다!). 주인공은 과거로 돌아간 후 앞으로 일어날 일들에 대한 정보와 전생에서 쌓은 능력을 활용해 처음부터 원수들의 괴롭힘에 태클을 걸며 소소한 '사이다'를 주다가 점점 더 강한 공격을 날려 독자들에게 '사이다 원 샷'을 선사한다.

웹소설 독자들은 와신상담의 세월을 소설에서 읽고 싶어하지 않는다. 현실에서는 그러한 세월이 없는 변신과 복수는 전혀 불가능함에도 불구하고 말이다. 어쩌면 회빙환 웹소설이 대세인 것은 와신상담을 해도 인생 역전이 불가능하며 다시 태어나는 수밖에 없다는 비관주의가 늘어나는 현실의 방증인지도 모른다.

K복수극으로 이어지는 회빙환

그러한 비관주의와 피해의식은 회빙환 웹소설이 대개 복수극인 것과도 연결된다. 〈재벌집 막내아들〉처럼 웹소설을 바탕으로 한 드라마를 포함해서, 한국 TV 드라마 전반에서 2000년 이후부터 복수극이 눈에 띄게 증가하고 있다는 것이 드라마 평론가 신주진의 진단이다.

1997년 외환위기 이후 불안해진 고용 환경과 빈부격차 확대 때문에 '내가 억울하게 살고 있다'는 피해의식이 전 사회적으로 퍼진 것이 그 이유 중 하나다. 복수극은 "무한경쟁으로 나날이 황폐해져가는 현 사회 현실을 반영하는 것인 동시에, 복수극 자체가 그러한 사회 현실을 향한 강력한 감정 분출과 해소의 대리 기제이기도 하다"는 것이다(신주진, 「'복수 정동'의 이행 구조 연구」(2018)).

넷플릭스 오리지널 드라마로 전 세계적 히트를 한 〈더 글로리〉(2022~2023)의 경우, 학교폭력 문제에 계급 문제를 얹었다. 없는 집 자식인 주인공은 학폭 피해자가 되어도 학교와 공권력의 보호를 받지 못하고, 있는 집 자식은 가해자가 되어도 제대로 처벌받지 않는 상황을 설정했다. 극적인 과장도 들어가 있지만, 한국 사회가 예전보다 계층 상승이 어려워지고 계급이 고착화되어가는 것에 대한 실질적 우려와 불만이 반영되어 있기도 하다.

한편 이렇게 볼 수도 있다. 강력범죄 '솜방망이 처벌'에 대한 불만이 높아지면서 사적 복수 콘텐츠가 증가하고, 또 인기를 끌고 있는 게 아닐까. 예를 들어 엘리자베스 1세가 통치하던 영국 르네상스 시대에 복수극revenge tragedy이 성행했는데, 학자들은 사적 복수에 대한 금지가 강화된 때문이라고 본다. 이러한 복수극의 특징은 유혈이 흥건하고 등장인물 대부분이 죽어나가며, 특히 복수의 대상과 복수를 하는 자가 모두 죽는다는 데 있다. 이런 측면에서 윌리엄 셰익스피어William Shakespeare, 1564~1616의 걸작 《햄릿》(1601)도 복수극으로 분류된다.

사적 보복을 금지하려는 역사는 뿌리 깊다. 고대 로마 스토아학파 철학자 세네카Lücius Annaeus Seneca, BC4~65는 분노가 '부당함에 복수하려는 욕구'인데 부당함은 복수가 아닌 이성적인 교화를 통해 해결돼야 한다고 주장했다. 분노와 복수는 인간의 본성에 반하는 무익한 것으로 여겼다. 이런 사상은 중세에 그리스도교 교리 '원수를 사랑하라'와 합쳐져 더욱 강화되었다.

하지만 복수심이 과연 인간의 본성에 반하는 것일까. 미국의 진화심리학자 마이클 맥컬러프Michael McCullough, 1969~는 복수심이 필요 때문에 생긴 인간 본성이라고 말한다. 그 논거는 이렇다. 첫째, 나를 해친 자들에게 복수함으로써 그들이 2차 가해를 못 하게 한다. 둘째, 잠재적 가해자들에게 본보기를 보여서 그들의 공격 의지를 떨어뜨린다. 셋째, 집단에 협력하지 않는 구성원

에드윈 오스틴 애비, 〈햄릿의 한 장면〉, 1897년, 캔버스에 유채, 155.6×245.1cm,
예일대학교 아트 갤러리_뉴헤이븐

들을 벌하고 공동선을 추구하도록 한다. 하지만 용서 또한 인간의 필요에 따른 본성이며, 복수와 용서는 한 세트로서 적절한 균형이 필요하다는 게 그의 주장이다.

셰익스피어 시대 영국인도 그랬을 것 같다. 주체할 수 없는 복수심을 유혈극을 통해 대리 해소하면서, 극 중에서 복수하는 자도 복수의 대상과 함께 죽게 함으로써 사적 복수의 한계도 생각하지 않았을까. 21세기 한국의 복수극 열풍과도 맥이 닿는 지점이다.

한 대형 로펌 변호사는 이렇게 말했다. "최초의 성문법인 함무라비 법전은 동해보복법同害報復法, 즉 '눈에는 눈, 이에는 이'를 명문화했는데, 이는 되레 사적 복수를 막음으로써 정의를 실현하려는 측면이 있었다. 반면 현대 형벌은 온정주의와 교화에 초점을 두기 때문에 법을 통한 동해보복이 이루어지지 않는다. 인간의 자연스러운 보복 심리가 충족되지 않으니 복수극으로 대리만족하는 것이 아니겠나." 엄벌주의와 교화주의의 대립은 쉽게 해결될 사안이 아니다. 또 현재로선 경제 양극화와 상대적 박탈감 문제 해결도 요원해 보인다. 회빙환 웹소설과 K복수극의 인기가 당분간 계속될 것 같다.

가족 관찰 예능

선정주의와 가족주의의 기괴한 결합

"진정한 비혼·비출산 장려 프로그램이다."

"저 상황에 필요한 건 의사나 상담사가 아니라 경찰 아닌가?"

최근 몇 년간 유행해온 가족 관찰·상담 예능, 특히 MBC 〈오은영 리포트-결혼지옥〉과 MBN 〈고딩엄빠〉에 대해 인터넷 커뮤니티에 올라온 냉소와 비판이다.

두 프로그램의 제작 의도는 나쁘지 않다. '행복의 보금자리', '안락한 울타리'인 반면 다른 한편으로 갈등과 고통의 출발점일 수 있는 가족의 어두운 면을 드러내 "말 못한 고민을 털어놓고 해법을 찾아가겠다"(〈결혼지옥〉), "이른 나이에 새 생명을 포기하지 않고" 아이를 위해 서둘러 형성된 가족을 사회에 안착하도록 돕겠다(〈고딩엄빠〉)고 했다. 문제는 이런 프로그램이 출연 가족을 선택하고 보여주며, 이른바 '솔루션(해법)'을 제시하는 방식이다.

그 문제가 사회적 논란으로 가장 크게 폭발한 경우는 2022년 말에 방송된 〈결혼지옥〉의 재혼 부부 에피소드였다. 7세 의붓딸을 "몸으로 놀아준다"면서 자신의 몸에 밀착하고, 아이가 완강하게 싫다고 외치는데도 아이의 몸을 여기저기 만지는 계부가 방영됐다. 아이의 친모는 남편을 말로 만류하는 데 그쳤다. 결론은 아이와 계부의 신속한 분리가 아니라 '서로 다름을 이해·존중하고 부부간에 대화가 더 필요하다'는 정신의학과 전문의 오은영 박사의 '훈훈한 말씀'이었다.

방송이 나가자 '아동 성추행' 논란이 거세게 일어났다. 문제의 장면이 소셜미디어·인터넷에 퍼지면서 "아동학대 장면을 실제로 보니 트라우마가 생겼다"는 네티즌이 속속 나왔고 파장이 커졌다. 방송통신심의위원회(방심위)에 프로그램 징계나 폐지를 요구하는 민원이 수천 건 쏟아졌다. 경찰에 아동 성추행 신고도 접수돼 결국 문제의 계부가 조사를 받았다.

훗날 그는 9개월의 수사 끝에 경찰과 검찰로부터 모두 무혐의 처분을 받았다. 그러나 그와는 별도로 방심위는 이 에피소드가 심각한 문제가 있다고 보고, 2023년 10월에 '주의' 처분을 결정했다. '주의'는 '과징금'이나 '프로그램 정정·수정·중지나 관계자 징계'만큼 강한 처분은 아니지만 법정 제재에 해당해서 방송사 재허가나 재승인 때 감점 사유가 되는 꽤 강한 처분이다.

방송 당시 그간 '국민 멘토'로 사랑받던 상담자 오은영 박사에게도 전례 없이 비판이 쏟아졌다. "어떤 좋은 의도라도 아이가 싫어하는 신체 접촉을 해서는 안 된다"고 했으나 말 그대로 조언에 그쳤기 때문이다. 남편의 불행했던 어린 시절과 관련해 "가엾다"고 표현해 가해자 옹호라는 비판을 샀다. 오 박사는 신체 접촉에 대한 비판과 계도를 더 많이 했으나 편집됐다며 "아동 성추행을 방임하는 사람처럼 비친 것에 대해 대단히 참담한 심정"이라고 해명했다. 하지만 "의사로서 아동 성추행 신고 의무가 있는데 왜 하지 않았나"라는 공격이 이어졌다.

더 책임이 큰 쪽은 방송 제작진이었다. 공식 사과문을 내고 "내부 정비 차" 2주간 결방을 했으나, 사건의 엄중함을 제대로 인식하지 못한 듯, 문제의 에피소드를 논란의 접촉 장면만 제거한 채 유튜브에 올려놓아 비판을 받았다.

당시 소아정신과 전문의 서천석 박사는 본인의 페이스북에 "제작진의 아동학대에 대한 인식의 부족"이라고 지적했다. 다만, 이미 몇 년 전에도 다른 공중파 방송에서 아동학대에 해당하는 사안을 가볍게 다룬 사례들이 있다며 이번에 크게 논란이 된 것은 "우리 사회가 그동안 아동 성추행에 대한 인식 수준이 높아져서 생긴 변화"라고 평했다.

그의 말대로 아동과 연관된 에피소드에 대해서는 대중의 시선이 좀 더 엄격해졌다. 그러나 부부간 폭력과 그중 큰 비중을 차지하는 남편의 아내에 대한 폭력은 상대적으로 크게 공론화되지 못하고 여전히 여과 없이 노출되고 있다. 오히려 그 '막장'의 수위가 더 높아지는 추세다.

온라인 플랫폼과 경쟁하며 둔감해지다

〈결혼지옥〉은 이전에도 많은 논란을 일으켰다. 아내가 임신 상태에서 웨딩 촬영을 앞두고 술 취한 남편에게 폭행당한 트라우마로 우울증에 걸린 사연을 내보내기도 하고, 40대 한국인 남편이 우즈베키스탄에서 온 20대 아내에게 "내가 널 사왔다"는 등의 폭언과 욕설을 일삼는 에피소드를 내보내기도 했다. 문제는 이런 일들이 '가정폭력 범죄'임이 명시되지 않은 채 '대화와 상담으로 해결될 문제'로 다뤄졌다는 점이다.

MBN 〈고딩엄빠〉도 크게 다르지 않다. 폭력이 난무하는 부부

싸움을 그대로 방송하는가 하면, 성인과 미성년자의 교제 및 임신을 연속으로 다뤄서 물의를 일으키기도 했다. (한국 나이 기준으로) 29세 교회 선생과 교제해 19세에 임신한 여성의 사연, 19세에 30세 남성을 만나 임신한 여성 등의 사연이 방송에 나갔다.

쌍방 합의일 경우 만 16세 이상이면 법적인 하자는 없다. 하지만 그루밍 성범죄(성인이 미성년자를 심리적으로 길들여 성적으로 착취하는 범죄)가 사회 이슈로 떠오른 상황에서, 미성년자와 성인 사이의 권력관계가 결코 수평적일 수 없음을 외면한 채 오직 '사랑'으로만 포장한 것은 분명 심각한 문제였다. 이 방송에 대해서도 방심위에 수백 건의 민원이 쏟아졌다.

게다가 〈결혼지옥〉, 〈고딩엄빠〉 등에서 부부가 언어적·물리적으로 과격한 싸움을 벌일 때 어린 자녀가 그 현장을 목격하는 장면이 많다. 다분히 아동학대에 해당하는 대목이다. 하지만 방송 스태프들은 싸움을 말리거나 아이들을 밖으로 데리고 나가는 대신, 아이들이 싸움판에 있어서 더욱 비참해진 장면을 열심히 카메라에 담고 더욱 극적으로 편집한다.

왜일까? 시청률과 조회 수 때문이다. 시청자는 모순적이다. 막장 드라마를 '욕하면서 본다'고 하는 것처럼, 떳떳하지 못한 쾌락guilty pleasure으로서 막장 드라마의 더욱 생생한 현실판인 막장 리얼리티 쇼를 즐긴다. 그런 쾌락에 부응하려는 유혹을 자체필터링으로 제어하는 것이 전통 미디어legacy media 방송의 일이다. 그러나 최근 전통 방송사들은 막장의 유혹에 거침없이 부응하는 유튜브 등 플랫폼 동영상과 경쟁하기 위해 그런 본분을 잊어버리고 있다.

가족 '정상화'에 대한 집착

공영방송 등 전통 매체에서 이런 막장 리얼리티 쇼를 할 수 있는 것은 '가족을 지키기 위한 솔루션'을 제공한다는 공익적 명목을 내세울 수 있기 때문이다. 그래서 가족 관찰·상담 예능은 일방적이고 폭력적인 부부관계를 보여줄 때에도, 필요한 경우 공권력의 도움을 받아 과감하게 가족을 해체하는 솔루션을 택하는 법이 결코 없다. 불완전하더라도 화해와 봉합을 종용하려 한다. 가해자의 처벌이 아니라 가해자와 피해자의 화해를 끌어내려 한다. 그러다 보니 패널로 참여한 전문가와 유명인들의 조언은 학대자를 이해하려는 멘트를 포함하게 마련이다. 패널의 문제라기보다 가족 관찰·상담 예능의 근본적인 맥락과 구조 자체에서 기인한 문제다.

이것은 방송사들뿐만 아니라 한국 사회가 가정폭력을 대하는 전통적인 태도의 문제이기도 하다. 가정폭력처벌법 제1조(목적)에 따르면 "가정폭력범죄를 범한 사람에 대하여 환경의 조정과 성행性行의 교정을 위한 보호처분을 함으로써 가정폭력범죄로 파괴된 가정의 평화와 안정을 회복하고 (…) 피해자와 가족구성원의 인권을 보호함을 목적으로 한다"고 되어 있다.

이와 관련해 젠더법 전문가인 양현아 서울대 교수는 2006년 논문에서 "법률의 목적에서부터 (…) 딜레마를 안겨준다"고 지적했다(법은 2011년 개정되었지만 제1조는 거의 달라지지 않았다). 양 교수는 "이렇게 가정의 평화와 안정 회복 그리고 피해자와 가족구성원의 인권이라는 목적을 병렬적으로 둠으로써 양자간의 우월관계가 불분명하다. 단적으로 가족의 평화와 안정이 피해자의 인권에 반할 경우 어떻게 할 것인가의 문제가 있다"고 말했다.

실제로 지금 이 순간에도 가정을 유지하기 위해 성폭력을 포함한 가정폭력을 감내하는 피해자들이 많다. 자신이 학대당한다는 사실을 애써 부인하는 이들도 적지 않다. 하지만 가정폭력도 분명한 폭력이다. 피해자가 이를 극복하고 용기를 내 법의 도움을 받을 때까지 수많은 고비를 넘겨야 한다. 이런 상황에서 가족 관찰·상담 예능이 가정폭력을 대수롭지 않게 보이도록 하고 사랑과 학대의 경계를 모호하게 하며 언제나 훈훈한 화해로 마무리 짓는 것은 현실 피해자들의 판단을 흐리게 하고 학대에서 벗어날 용기를 꺾는 심각한 독이 될 수 있다.

한마디로, 지금의 많은 가족 관찰·상담 예능은 선정적인 한편, 가정의 유지를 피해자의 인권보다 앞세운다. 선정주의와 가족주의의 기괴한 결합이다.

구하라법

부모 노릇 안 해도 가족인가

2023년 9월, '아들 사망보험금 노리고 54년 만에 나타난 친모, 항소심도 승소했다'라는 뉴스가 뜨자 분노와 탄식이 쏟아졌다. 특히 많은 지지를 받은 댓글이 있었다. "아니, 구하라법 여태 통과 안 됐어? 국회는 대체 뭐 하는 거야?"

2021년 폭풍우로 실종된 선원 김종안 씨의 생모는 김 씨가 두 살 때 집을 떠나 54년간 한 번도 자녀를 찾지 않았다고 한다. 김 씨의 누나는 항소심 후에 "부모로 인정해주는 것이 말도 안 된다"며 "(생모에게 보험금이 가느니) 차라리 국가에서 환수해 어려운 사람에게 전달해달라"고 했다. 자식을 돌보지 않고 그 죽음조차 이용하려는 모친을 "부모로 인정할 수 없다"는 외침이었다.

예전부터 비슷한 사례가 종종 있었다. 하지만 공론화된 것은 2010년대 이후다. 2014년 세월호 희생자 친부 사건, 2019년 가수 구하라 씨 친모 사건 등에 사람들이 공분하면서 부양의무를 다하지 않은 부모의 상속권을 제한하는 민법 개정안, 일명 '구하라법'이 2020년 발의됐다.

달라진 시대정신

구 씨 오빠의 법률대리인이자 구하라법 발의를 도운 노종언 변호사는 "시대정신을 반영한다"고 단언했다. 그는 방송인 박수홍 등 가족 간 부당한 관계의 피해자로 알려진 연예인의 법률대리인도 맡고 있다.

"과거 유교 사회로부터 내려오던 '그래도 부모인데' 같은 정서가 근대화 시기에 법제화되었고, 1980년대까지도 그 정서가 강했어요. 하지만 민주화가 진행되고 자유주의가 퍼지면서 가족의 진정한 의미에 대해 많은 사람이 예전과 다르게 생각하기 시작했죠. 그런데 법은 그대로이니 괴리와 충돌이 일어나는 상황입니다. 구하라 씨 유족 사건이나 박수홍 씨 뉴스가 나오기만 하면 조회 수가 폭증하는데, 국민이 느꼈던 괴리감과 불편함이 연예인 사건을 계기로 표출된 것이죠."

이런 변화는 문화 콘텐츠에도 확인된다. 예전 드라마에서는 '막장 부모'도 결국 자식에게 용서받고 눈물 속에 화해하는 결말로 끝나곤 했다. 하지만 히트 드라마인 〈더 글로리〉는 그렇지 않았다. 주인공(송혜교)의 엄마는 자식의 "첫 가해자"로서 자식이 용기를 내어 학교폭력을 고발했을 때 가해자 부모로부터 돈을 받고 고발을 무마한 후 돈을 들고 달아났다. 그리고는 되돌아와 "그래도 핏줄인데"라면서 자식을 이용하려 한다. 그러자 주인공은 "핏줄만이 할 수 있는 복수"로 응수한다.

정부와 국회도 구하라법에 공감하고 있다. 그런데도 관련법은 3년 넘게 국회에서 표류 중이다. 상속권 제한 방식을 두고 이견을 좁히지 못해서다. 우선 서영교 국회의원이 2020년 민법 개정안을 냈고, 이후 법무부와 다른 여야 의원도 비슷한 법안을 발의했다. 한데 '의원 안'과 '법무부 안'이 대립 중이다. 법무부 안은 서 의원 당이 여당이던 시절에 발의된 것이다. 따라서 이것은 진영의 대립이 아니라 오로지 법리와 가족에 대한 관념의 대립이다.

가족의 정의: 혈연 중심이냐 의무 중심이냐

우선 의원 안은 '상속결격사유 확대' 방식이다. 현재 민법에서는 고인을 살해·살해시도하거나 유언에 강제 개입한 가족만이 상속 결격(자격 없음)에 해당하는데 여기에다 "양육을 현저히 게을리하는 등 양육 의무를 중대하게 위반한 자"를 포함하자고 제안한다. 반면 법무부안은 '상속권상실선고제도' 방식이다. 피상속인의 청구에 따라 법원이 자격 없는 이를 상속에서 배제한다고 선고하는 것이다. 피상속인이 청구를 미리 못 하고 사망할 경우에는 법이 정하는 범위의 다른 상속인(예를 들어 구하라 씨 오빠나 선원 누나 같은)이 청구를 할 수 있다.

서 의원은 상속결격사유 확대 방식의 구하라법 통과를 촉구하면서, 상속권상실선고 제도 방식은 "자녀가 사망 전에 부모에게 소송을 제기해야 하는 비상식적인 방식"이라고 비판했다. 반면에 현소혜 성균관대 법학전문대학원 교수는 "서 의원 안도 의미가 있지만 법무부 안이 좀 더 맞는다고 생각한다. '이게 상속결격 사유다'라고 폭넓게 규정하면 법적 안정성에 문제가 생긴다. 뉴스에는 누가 봐도 상속결격인 사례가 주로 나오지만 실제로는 판단하기 어려운 경계선에 있는 사건도 많다. 상속결격사유 확대 방식도 어차피 '이 사람은 상속결격에 해당할 정도로 양육 의무를 중대하게 위반했다'라는 걸 소송으로 입증해야 한다"라고 말했다.

서 의원 안의 입안을 도운 노종언 변호사는 "두 법안이 각자 장단점이 있지만 실무적으로는 사실 별 차이가 없다"고 말했다. 이어 둘의 결정적 차이는 "가족에 대한 근본적인 이념의 차이"라고 설명했다. 아주 단순하게 말하면, 서영교 의원 안은 "가족 의무를 하지 않으면 혈연이라도 가족이 아니다"라고 보지만, 법무부안은 "가족이긴 한데 상속받을 자격은 없다"라는 것이다.

"서구는 상속결격 제도가 기본입니다. 가족을 혈연이 아닌, 같이 살고 서로 도움을 주는 의미로 파악하는 것이죠. 부모의 의무를 안 하면 바로 그때부터 부모 자격이 상실된다고 판단합니다. 하지만 한국의 민법 체계는 일본 법제를 많이 참고했는데, 도리를 다하지 않아도 일단 가족으로는 인정하되, 그 권리는 상실시키자는 것입니다. 법무부안은 이러한 한국 민법 체계에 더 맞는 게 사실입니다. 서 의원 안이 현대적 상식과 정의에 더 맞는다고 생각하지만, 이 안으로 가려면 다른 법까지 전반적으로 다듬어야 하는 기술적인 문제가 생길 수 있습니다."

그는 또 "사실 피해자들은 어느 안이든 상관없으니 빨리 구하라법을 통과시키라는 입장"이라며 "양쪽 안이 각기 장단점이 있는 만큼 조화롭게 해결해서 조속한 입법이 필요하다"고 주장했다.

그의 말대로 국회가 발걸음을 더욱 재촉해야 한다. 또한 우리 사회가 가족의 개념에 있어서 근본적인 패러다임 변화의 단계에 와 있는지 아니면 아직 이른지 함께 생각해볼 필요가 있다. 즉, 의무를 다하지 않은 가족은 혈연이라도 아예 가족이 아닌 것으로 간주하는, 혈연 대신 의무 중심 가족 개념으로 이동할 때가 된 것인가. 아니면, 그것은 아직 이르고, 혈연 중심 개념은 유지하되 의무를 다하지 않으면 권리를 제한해야 하는가. 우리는 지금 어느 단계에 와 있는가?

3장

반지성주의

세상만사의 진실이 각각 한 줄로만 설명될 수 있다면, 그래서 해시태그를 달아 전파하기 쉽다면, 참 편할 것이다. 하지만 진실은 복잡한 경우가 많고 그러면 복잡하게 설명할 수밖에 없다. 문제는 인터넷과 소셜미디어 시대에 우리가 그런 설명을 들을 참을성이 점점 없어지고 선동 같은 단문 '진실'에 유혹당한다는 점이다. 전문지식이 필요한 영역은 더욱 그렇다. 영국 SF 거장 웰스의 우화 같은 단편소설 〈눈먼 자들의 나라〉에서 눈뜬 청년이 눈먼 부족에게 '본다'라는 개념을 설명하려 하지만 오히려 조롱과 배척만 받는 것처럼, 지식인들은 외로운 신세가 된다.

이런 현상에 대해 책을 쓴 니콜스는 현대에는 '재수 없는 전문가들'의 말을 대체할, 그러나 퀄리티는 검증되지 않은 정보가 인터넷에 가득하다면서, 민주주의와 평등이 중요하지만 그게 모든 정보의 퀄리티가 평등하다는 뜻은 결코 아닌데 그렇게 오해된다고 탄식한다. 바로 여기에서 반지성주의가 탄생한다.

반지성주의는 미국의 매카시즘부터 중국의 문화대혁명까지 동서고금 진영을 막론하고 일어난다. 이 문제를 최초로 본격적으로 다룬 역사학자 호프스태터는 반지성주의가 좋은 대의명분, 즉 민주주의와 평등을 향한 열정과 결부되었기 때문에 힘을 얻는다고 했다. '로봇 3원칙'으로 유명한 SF 거장 아시모프도 "민주주의를 '나의 무지나 너의 지식이나 별 차이 없다'는 것으로 여기는 착각이 미국의 반지성주의를 키워왔다"고 일침했다. 여기에 호프스태터는 미국 반지성주의의 또 하나의 원인으로 뽑은 것은 실용주의를 꼽았다. 평등주의와 실용주의가 빚은 반지성주의에 있어서 한국은 미국과 닮은꼴이다. 이 장에서는 그 이야기를 다루려 한다.

전문가의 죽음

'눈먼 자들의 나라'에선 눈뜬 사람이 바보일까

미국 영화 〈돈 룩 업Don't Look Up〉(2021)은 SF 블랙코미디다. 6개월 후 지구와 충돌해 인류 멸망을 가져올 혜성이 날아오고 있다는 것을 과학자들이 발견한다. 하지만 미디어는 이걸 센세이셔널한 연예뉴스처럼 다루고, 과학자들은 희화화된다. 대통령은 이걸 어떻게 지지율과 연결할지에만 골몰하고, 선지자처럼 구는 거대 IT CEO는 혜성에 엄청난 광물자원이 있으니 폭파하는 대신 쪼개서 지구 바다에 떨어뜨리자는 위험한 도박을 제안한다.

곧 사람들은 눈을 들어(룩 업look up) 혜성을 보고 그 위험을 알고 폭파를 지지하자는 파와 올려다보지 말고(돈 룩 업don't look up) 혜성 쪼개기를 지지하자는 파, 양측으로 나뉘어 소셜미디어

해시태그 전쟁을 벌인다. 전문가인 과학자들은 뒷전으로 밀린다. 주인공 과학자들이 시작한 '룩 업' 운동조차 '갬성 운동'으로 전락해서 톱스타 가수의 '저스트 룩 업' 노래와 콘서트만 히트칠 뿐 실질적으로 아무것도 하지 못한다.

워낙 풍자하는 포인트가 많은 영화인데, 특히 전문지식이 가장 필요한 상황에 전문가가 무시되는 부분은 톰 니콜스Tom Nichols,1960~의 2017년 저서 《전문가와 강적들(원제: 전문지식의 죽음 The Death of Expertise)》을 연상시킨다. 러시아 전문가인 니콜스 미국 해군대 교수는 인터넷에서 모은 파편적인 정보로 오히려 자기를 가르치려 드는 비전문들 때문에 어이가 없어서 이 책을 썼다고 한다. 전문가들의 복잡한 설명은 외면받고 (진실이 복잡하면 복잡하게 설명할 수밖에 없건만) 인기 셀럽이나 소셜미디어 집단지성에 의해 단문으로 요약돼서 해시태그 달기 좋은 '진실'이 더 각광받는 이유는 무엇일까?

시대를 풍자한 위대한 우화

일종의 우화인 영국 소설가 H. G. 웰스Herbert George Wells,1866~1946의 단편소설 〈눈먼 자들의 나라The Country of the Blind(국내에

는 〈맹인들의 나라〉라고 소개되어 있다〉〉(1904)에서 그 이유를 짐작할 수 있다. 웰스는 무려 120여 년 전에 '타임머신Time Machine'이란 말을 만들어놨고 지금까지 영화로 만들어지는 《우주전쟁》, 《투명인간》 등을 쓴 SF 거장인데, 그의 천재적인 상상력은 이 단편소설에서도 빛을 발한다. 이야기는 다음과 같다.

'누네스'라는 이름을 가진 남미의 등산가 청년이 조난을 당해서 가파른 절벽으로 둘러싸인 외딴 골짜기에 이르게 된다. 그곳에는 창문 없는 집들과 거미줄처럼 뻗은 길들이 있는 이상한 마을이 있는데, 알고 보니 이곳 사람들은 모두 날 때부터 눈이 멀어 있다. 수백 년 전 여기 정착한 그들의 조상은 눈이 정상적으로 보였지만, 기이한 질병이 퍼지고 산사태로 외부와 완전히 고립된 후 여러 세대를 거치면서 눈먼 부족이 된 것이다. 하지만 사람들은 시각 대신 발달한 청각·후각 등으로 풍요로운 자연을 잘 활용해서 별 문제 없이 살고 있다.

누네스는 "눈먼 자들의 나라에선 외눈만 있어도 왕이다"라는 경구를 떠올리며 눈이 보이는 자신이 그들을 가르치고 다스릴 수 있으리라고 생각한다. 하지만 마을 사람들은 아예 '본다'는 개념을 이해하지 못하고 누네스가 미친 소리를 한다고 생각한다. 이런 식이다.

눈먼 남자가 말했다.

"왜 내가 불렀을 때 안 왔어요? 어린애처럼 손 잡아 끌어줘야 해요? 걸을 때 길 밟히는 소리로 길 따라 걷는 거 못해요?"

누네스는 웃었다.

"난 길을 봅니다!"

잠시 가만있다가 눈먼 남자가 말했다.

"'봅니다'라는 단어는 없어요. 바보 같은 소리 그만두고 내 발자국 소리 따라와요."

(…) 그들은 계곡을 둘러싼 절벽 바위가 세상의 끝이고 그 위로 동굴 천장 같은 우주의 지붕이 솟아 있다고 믿었다. 누네스가 그들의 생각과 달리 이 세상은 끝도 없고 지붕도 없다고 고집스럽게 말하자 그들은 그 생각이 요사스럽다고 말했다. 그는 하늘과 구름과 별을 최대한 멋지게 묘사하려고 애썼지만 사람들은 지붕이 없다면 끔찍한 허공일 뿐이라고 생각했다.

설명을 포기한 누네스는 이번에는 눈이 보여야만 할 수 있는 일들로 우월한 능력을 보여주려 하지만 마을 구조 자체가 몇 세기를 거치며 눈먼 사람들에게 최적화되었기 때문에 오히려 실수만 연발하고 사람들에게 바보 취급을 넘어서서 뇌에 장애가 있는 취급을 받는다. 결국 그는 골짜기 밖으로 나가는 것도 불가

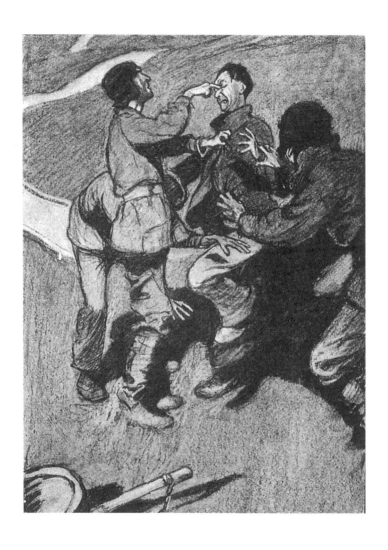

H. G. 웰스의 단편소설 〈눈먼 자들의 나라〉(1904) 초판에 실린 삽화. 클로드 세퍼슨의
작품이다.

능해 보여서 모든 걸 포기하고 눈먼 부족에 순응해서 살아간다.

그러다 누네스는 한 마을 처녀와 사랑에 빠져 결혼하고 싶어하는데, 마을 장로들이 "많이 나아졌지만 여전히 환각에 고통받고 정신이 불안정한 자여서 안 된다"고 반대한다. 그러자 부족의 의사가 그의 모든 문제는 얼굴에 움푹 들어간 부위(눈) 때문이라며 그 부분만 제거하면 그도 정상이 될 것이라고 한다! 눈 제거 수술을 받자는 말을 듣고 누네스는 처음엔 펄쩍 뛰지만 사랑하는 여인을 포기할 수 없어서 결국 승낙하고 만다.

마침내 수술 당일, 누네스는 마지막이라고 생각하고 아침 해가 떠오르는 것을 바라본다. 햇빛이 절벽을 타고 퍼지는 것을, "황금갑옷을 입은 천사 같은 아침"을 보며 그 "무한한 아름다움"을 포기할 수 없다는 걸 깨닫는다. 그는 그대로 절벽을 기어올라 골짜기를 빠져나간다. 무사히 산을 탈출할지 산중에서 죽을지 알 수 없지만 광대한 하늘을 볼 수 있다는 기쁨으로.

한 줄로 설명 안 되면 외면하는 현실

"위대한 도덕적·정치적 우화"라고 언론인이자 소설가 이탈로 칼비노Italo Calvino,1923~1985가 평한 것처럼, 이 단편은 다양한 사

클로드 세퍼슨이 그린 〈눈먼 자들의 나라〉(1904) 초판 삽화

회 문제에 대한 풍부한 상징을 품고 있다. 어떤 이들은 누네스에게서 자기 문화의 우월성을 맹신하며 식민지에 강제 주입하려 하는 제국주의자의 모습을 읽는다. 반대로 어떤 이들은 눈먼 부족을 보며 멀쩡한 사람을 바보로 만들고 그의 특이한 부분을 제거하려 하는 집단주의의 무서움을 읽기도 한다.

확실히 주인공 누네스는 소설 초반에 건방지게 묘사된다. 우월감을 갖고 눈먼 부족을 대하며 당연히 자신이 그들의 지도자가 될 것이라 확신한다. 하지만 보이는 자의 편견과 달리 눈먼 자들은 잘만 살고 있고, 보이는 자의 우월함을 증명하려는 시도는 우스꽝스럽게 실패한다. 하지만 소설 후반으로 갈수록, 이번에는 누네스를 열등하고 비정상적인 사람으로 몰아가는 마을 사람들이 공포스럽게 느껴진다. 물리적 폭력 없이 진심으로 염려하는 듯한 가스라이팅이라서 오히려 더 무섭다. 특히 눈 제거 수술을 하자고 할 때 공포는 최고조에 달한다. 과연 칼비노의 말대로 "스스로 우월하다고 생각하는 모든 주장의 상대성을 성찰하게 하는" 단편소설인 것이다.

하지만 이 단편소설이 철저히 상대성만을 이야기하고 있는 건 아니다. 누네스가 말하는 대로 하늘과 구름과 별이 있고 절벽 바깥에 다른 세상과 도시가 있다는 것은 절대적 진실이다. 웰스가 1939년에 내놓은 이 소설의 개정·확장판을 보면 누네스는 막판에 먼산을 바라보다가 산사태가 닥치리라는 점을 알아차리고 마을 사람들에게 알린다. 하지만 사람들은 여전히 그가 "보았다"는 것을 비웃으며 믿지 않는다. 결국 산사태가 나고 누네스는 사랑하던 여인을 구해 골짜기를 탈출한다. 여기서 누네스는 영화 〈돈 룩 업〉에서 재앙을 예고하는 과학자들과 비슷해진다. 즉 누네스와 눈먼 부족의 관계를 현대의 전문가와 대중의 관계에 대입해서 볼 수 있는 것이다.

우리는 어떤 한 영역에선 전문가일 수 있으나 그 외 영역에서는 무지한 대중이다. 우리가 잘 모르는 분야에 대해 그 분야 전문가가 낯선 용어를 쓰며 설명할 때, 우리는 마치 누네스로부터 시각이 무엇인지에 대한 설명을 듣는 눈먼 부족 같은 기분이 된다. 그 설명은 결코 직관적으로는 이해할 수 없다. 시각기관이 없는 부족이 어떻게 직관적으로 시각이 뭔지 이해하겠는가? 열린 마음으로 참을성 있게 설명을 들으며 논리적 추론과 상상력을 총동원해야 이해할까 말까 한 것이다.

그러나 우리 대다수는 이것을 귀찮아한다. 한 줄로 요약 가능하며, 직관적으로 이해 가능한 설명을 요구한다. 게다가 우리가 듣기에 기분이 좋아야 한다. 누네스처럼 내가 못 보고 모르는 것을 보고 안다며 잘난 척하는 전문가들은 재수 없다고들 한다. 니콜스가 《전문가와 강적들》에서 지적한 것처럼, '재수 없는 전문가들'의 말을 대체할 정보가 현대에는 손쉽게 닿을 수 있는 인터넷에 가득하다. 정보 퀄리티는 전혀 검증되어 있지 않지만 말이다. 민주주의와 평등이 중요하지만 그게 모든 정보의 퀄리티가 평등하다는 뜻은 결코 아닌데 그렇게 오해된다고 니콜스는 지적한다.

니콜스가 또 하나 지적하는 부분은 언론이 정보의 홍수와 경쟁 속에서 독자들에게 진정으로 필요한 정보 대신 입맛에 맞고 잘 팔릴 만한 뉴스만 생산한다는 것이다. 신문에 몸담은 나도 뜨끔할 수밖에 없는 부분이다.

니콜스는 책 말미에서 이렇게 조언한다. 전문가들은 선민의식을 가지지 말고 사회에 봉사하는 자로서 대중이 자신의 조언을 받아들이지 않아도 인내심을 갖고 봉사를 멈추지 말라고. 그리고 대중은 전문가에 대한 적의를 내려놓고 열린 마음을 가지라고. 만약 누네스가 우월감을 갖지 않고 눈먼 부족을 존중하며 서서히 자신이 시각으로서 얻은 지식을 전파했다면, 그리고 눈먼 부족도 열린 마음으로 누네스의 말을 이해하고 존중하려 애썼다면 그들은 함께 산사태를 피할 수 있었을 것이다.

반지성주의
'민주주의가 지식과 무지의 평등'이라는 착각

모 방송 PD가 주요 일간지에 쓴 칼럼이 물의를 일으킨 적이 있다. 그의 양친이 부부싸움을 할 때 책 안 읽는 부친이 다독가인 모친의 논리정연한 말을 당해내지 못하고 모친의 "지적 우월감"에 "정서적 폭력"을 느껴 "손찌검"을 한다는 내용이었다.

그는 이렇게 썼다.

나는 어머니가 안타깝다. (…) 내가 책에서 배운 것을 타인에게 적용하면 그건 폭력이다. (…) 평생 책 한 권 읽지 않는 사람은 그렇게 살아도 사는데 불편함이 없으니까 안 읽는 거다. 어머니는 불편한 게 너무 많다.

그는 이어서 "선민의식에 빠져" SNS에 "세상을 조롱하는 글"을 올리는 지식인을 훈계하는 것으로 끝맺었다. PD와 신문의 정치 성향으로 미루어보아, 당시 문재인 정부를 비판하던, 진영을 가리지 않는 '모두까기'로 유명한 논객을 겨냥한 칼럼이라는 해석이 많았다.

곧 분노한 독자들의 항의 댓글이 빗발쳤다. '어머니의 말은 '폭력'이고 아버지의 진짜 폭력은 '손찌검'이란 거냐?', '지금 가정폭력을 피해자 탓으로 돌리는 건가?', '미워하는 지식인 공격하자고 다른 사람도 아닌 자기 어머니를 욕보이며 2차 가해를 하다니.' 모두 마땅한 비난이었다. 하지만 그것에 가려져 상대적으로 간과된 것은 칼럼 전체에 흐르는 강렬한 반지성주의였다.

문제의 PD와 신문이 사과를 하고 칼럼을 내렸기 때문에 실명은 거론하지 않겠지만 이 칼럼을 굳이 끄집어내는 이유는 반지성주의가 대체 무엇인지 이보다 더 잘 보여주는 글이 없기 때문이다. 이 칼럼에는 지식인에 대한 복합적 태도, 즉 그들에게서 "오만함"을 느끼는 열등감과 그들의 '불편러' 기질에 대한 짜증과 그들의 문약함을 힘으로 — '선출된 권력'이 소환하는 대중여론으로든 부친의 주먹으로든 — 밟아버릴 수 있다는 경멸이 섞여 있다. 문제의 PD가 가방끈 짧은 사람이 아니라는 사실도 반지성주의가 학력의 문제가 아니라는 점을 잘 보여준다.

반지성주의는 진영 또한 가리지 않는다. 2022년 윤석열 정부가 들어선 후 대통령이 취임사에서 민주주의 위기의 "가장 큰 원인으로 지목되는 것이 바로 반지성주의"라고 한 이후 여·야 양측의 지지자들이 서로의 반지성주의를 지적하며 유행어처럼 사용한 적이 있다. 반지성주의는 본래 진영과 체제를 막론하고 나타났다.

반지성주의 현상을 본격적으로 분석한 대표적 저서 《미국의 반지성주의Anti-intellectualism in American Life》(1963)에는 이런 말이 나온다. "사실 반지성주의는 서로 대척점에 선 세력들의 공통된 특징이 되기도 한다. 기업가와 노조 간부가 지식계급에 대해 놀라울 만큼 비슷한 견해를 가지기도 한다."

"내 무지와 네 지식이 평등한 게 민주주의란 착각"

미국의 역사학자 리처드 호프스태터Richard Hofstadter, 1916~1970가 이 책을 쓴 계기는 1950년대 매카시즘(공산주의자 색출 열풍)과 함께 진행된 지식인과 지성에 대한 혐오 풍조였다. 저자는 반지성주의를 한마디로 정의하는 대신 여러 예문을 들었는데, 그중에는 당시 어느 우파 소설가의 지식인에 대한 정의도 있다.

"지식인=문제의 모든 측면을 검토하다가 혼란에 빠져 제자리를 맴도는 자의식 과잉 잔소리꾼. (…) 대중의 생각과 정서와 동떨어져 있는 게 문제."

참으로 위험한 말이다. 세상사는 양쪽 말 들어보고 시간을 두고 다각도로 봐야 하는 게 많건만, 귀찮으니 '이게 다 XX 때문이다'로 요약하고 행동을 위해 돌진하자는 것이니까 말이다. 또 저 주장대로 대중의 생각과 동떨어져 있는 게 그저 문제라면, 세 사람 중 두 사람이 '맹자가 공자 스승'이라고 주장하면 그게 진실이라는 식 아닌가?

이러한 반지성주의는 반대 진영인 공산주의 정권에서도 더욱 극단적이고 참담하게 나타났다. 1960년대 캄보디아의 급진적 좌익무장단체인 크메르 루주가 고등교육을 받은 민간인을 대량 학살한 것과 중국 문화대혁명 시기 홍위병이 지식인을 린치하고 문화유산을 파괴한 게 대표적인 예다.

그런데 악당 같은 반지성주의자가 따로 존재하는 경우는 극히 소수이며, 사실 우리 모두가 반지성주의의 유혹에 빠지기 쉽다. 호프스태터에 따르면 "그것은 반지성주의가 좋은 대의명분과 연결되곤 했기 때문이다." 그는 이렇게 말했다. "반지성주의가 우리[미국인의] 사고방식에 강한 영향을 미친 건, 인도적이고 민주적인 정서를 전달해주기도 한 복음주의 신앙이 반지성주의

'지식인intellectual'이란 말은 19세기 말 프랑스의 드레퓌스 사건에서 탄생했다. 펜을 칼처럼
휘두르며 드레퓌스를 옹호하는 글 '나는 고발한다'를 쓰는 소설가 에밀 졸라의 캐리커처.

를 육성하기도 했기 때문이다. 반지성주의가 우리 정치에 비집고 들어온 것도, 평등을 향한 우리의 열정과 결부되었기 때문이다."

미국의 복음주의 신앙은 신학자가 연구한 교리보다 민중의 직관적 믿음과 실행을 중시한다. 기독교와 함께 미국의 사상적 배경을 형성하는 자본주의에서 종종 숭배의 대상인 기업가 정신 역시, 전문가적 분석보다 직관에 의존하고 신념과 행동력을 중시하는 경우가 많다. 물론 이들도 중요한 가치들이지만, 전문 지식이나 지적 통찰을 필요로 하는 복합적인 사안에서 직관적 신념을 같은 무게로 놓는 왜곡된 평등주의를 대입하면, 즉 비전 문가들이 여론을 주도하고 비판적 지식인들이 조리돌림당하면, 반지성주의가 되는 것이다.

이와 관련해서 '로봇 3원칙'으로 유명한 SF 거장 아이작 아시모프 Isaac Asimov, 1920~1992는 1980년 〈뉴스위크〉 칼럼에서 이렇게 일침했다. "민주주의를 '나의 무지나 너의 지식이나 별 차이 없다'는 것으로 여기는 착각이 미국의 반지성주의를 키워왔다."

비실용적 지성에 대한 무시, 한국도 비슷

호프스태터가 미국 반지성주의의 또 하나의 원인으로 뽑은 것은 실용주의, 즉 당장의 쓸모는 없는 창조와 비판의 능력인 지성intellect은 무시하고 구체적인 일 처리에 필요한 지적 능력intelligence만 존중하는 풍조다. 예를 들어 발명왕 에디슨은 신화까지 덧붙여 숭배하지만, 순수과학자에는 무관심하고, 문인과 전위예술가는 아예 혐오하는 경향 말이다.

이에 반해 지식인은 실용성을 초월한 "정신의 유희"를 즐기는 사람이어야 한다고 저자는 단언한다. 이념적 실용성에 치중하면 이념의 광신자가 되어 지식과 정보를 이념에 끼워 맞추고 음모론을 신봉하게 된다. 또한, 경제적 실용성에 치중하면 지식장사꾼으로 전락하거나 정치 권력과 기업 자본의 고용인이 될 뿐이다. 이런 사례는 지금 한국에도 수두룩하지 않은가?

여기에 지식인intellectual이라는 말의 유래도 상기해야 한다. 19세기 말 프랑스의 애국주의와 반유대주의 광풍 속에서 드레퓌스라는 유대계 장교가 억울하게 간첩으로 몰렸을 때, 자유로운 정신의 유희를 즐기던 문인들이 들고 일어나 대중의 비난을 받으면서도 그를 변호했고, 그때 그들은 최초로 '지식인'이라고 불렸던 것이다.

반지성주의에 있어서 한국은 미국과 닮은꼴이다. 다른 선진국보다 훨씬 빠르고 압축적으로 진행된 한국의 산업화와 민주화는 각각 강한 실용주의와 평등주의를 키웠다. 실용주의의 경우, 그 뿌리는 조선시대까지 거슬러 올라갈지도 모른다. 백범 김구가 개탄한 "주자학파 철학에 기초한 계급 독재" 속에서 정신의 유희는 한 줌 양반에게만 허락되었고 그나마 사문난적이 되지 않는 범위였으며 대개는 과거 시험 합격이라는 실용적 목적으로 학문을 했으니 말이다.

현대 한국의 베스트셀러는 철저히 실용서 위주이고 간혹 있는 인문학 베스트셀러도 입시나 자기계발용으로 정리된 책이 대부분이며, 순수한 지적 유희를 위한 책은 매우 인기가 없다. 여기에 더해, 맹목적 평등주의의 물결 속에서 SNS와 커뮤니티 여론이 각계 전문가를 압박하고 때론 조리돌림한다.

소셜미디어를 통한 대중 정치가 확산되면서 반지성주의는 한국을 포함한 전 세계에서 더욱 심각한 문제가 될 것이다. 그럴수록 진정한 민주주의가 무엇인지 되새겨야 한다. 반지성주의는 민주주의에 대한 착각에서 나온다. 민주주의는 지식과 무지를 평등하다고 여기는 것이 아니다. 또한 다수가 다수의 힘으로 다른 의견을 가진 소수를 겁박하고 침묵시키는 것은 결코 민주주의가 아니다.

재난과 희생양
정부 탓, 피해자 탓, 아니면 핼러윈 탓?

19세기 영국 화가 윌리엄 홀먼 헌트William Holman Hunt ,1827~
1910의 대표작으로 〈스케이프고트The Scapegoat〉라는 그림이 있는
데 우리나라에서는 '희생양'으로 번역되곤 한다. 염소 한 마리가
황량한 소금호수에서 빈사 상태로 헐떡거리고 있고, 그 주변에
는 염소의 비극적 미래를 암시하는 짐승의 뼈들이 흩어져 있다.
구약성서《레위기》에 따르면 고대 이스라엘에서는 '속죄의 날'
명절에 염소 한 마리를 골라 그 머리에 손을 얹고 이스라엘 백
성의 죄를 낱낱이 읊어 그 죄를 염소가 짊어지게 한 후 광야로
쫓아내는 풍습이 있었다고 한다. 고대인들은 자연재해와 전쟁
같은 재난이 죄에 대한 신의 징벌이라 생각해서 그 벌을 피하고

자 이런 속죄 의식을 거행했다. 사회구성원을 안심시키고 뭉치게 하는 효과는 있었지만 정작 재난을 막는 데에 아무 효과도 없었음은 물론이다.

오늘날 영어 단어 '스케이프고트'는 사회를 뒤흔드는 큰 문제가 발생했을 때 사회구성원들의 편의에 따라 그 문제의 잘못을 모두 뒤집어쓰고 손가락질 받는 개인 또는 소수집단을 가리키는 말이 되었다. 문자 그대로 '희생양'인 '새크리피셜 램sacrificial lamb'과 뉘앙스가 약간 다르지만, 둘을 같은 뜻으로 혼용하는 경우가 많아서 스케이프고트를 희생양으로 번역해도 큰 문제는 없다. 지금부터 이 글에서 논할 '희생양'은 스케이프고트를 뜻하는 것이다.

동서고금 막론하고 사회에 큰 재난이 났을 때 사람들은 그 탓을 할 희생양부터 찾는다고, 미국에서 가장 명망 있는 지진학자 중 한 사람인 루시 존스Lucy Jones,1955~는 말했다. 그녀는 저서 《재난의 세계사The Big Ones: How Natural Disasters Shaped Us》(2018)에서 여러 부분에 걸쳐 희생양 찾기의 부작용을 언급한다.

이 책에서 다루는 것은 자연재해이지만 현대의 자연재해는 피해를 줄일 수 있었는데도 줄이지 못한 인재人災를 겸하는 경우가 많아서, 모든 재난에 적용할 수 있다. 특히 제9장에서 집중분석하는 2005년 미국 뉴올리언스의 허리케인 카트리나 참사가 그렇다. 명확한 사망자 수만 1,464명에 이르는 카트리나 재난을 한국

윌리엄 홀먼 헌트, 〈스케이프고트(희생양)〉, 1854~1856년, 캔버스에 유채, 86×140cm,
레이디 레버 아트 갤러리_포트 선라이트

에서도 기억하는 사람들이 많으리라. 속수무책인 상황과 이재민의 비참한 모습을 보고 '어떻게 선진국에서 저런 일이?' 하며 모두 충격을 받았었다. 당사자인 미국인들의 충격은 말할 것도 없었다.

그래서 "사람들은 희생양을 수도 없이 많이 찾아냈는데 그중에서도 (…) 두 의견이 가장 우세했다. 바로 정부의 잘못, 그리고 희생자들의 잘못이었다"라고 존스는 말한다. 2022년 이태원 참사에 대한 우리 사회의 반응이 떠오르지 않을 수 없다. 물론 카트리나와 이태원 압사사고는 성격이 매우 다르다. 카트리나는 자연재해여서 불가항력적인 측면이 있는 한편, 다년간의 허리케인 경험과 전문가들의 정확한 예측 시나리오가 있었음에도 불구하고 줄일 수 있었던 피해를 줄이지 못했으므로, 아무도 예측하지 못했던 이태원 참사보다 더욱 인재적인 측면도 있다. 그러니 단순 비교는 불가능하며 다만 그 재난을 대하는 사람들의 태도와 수습에 관해 전문가 존스의 논평을 참고할 필요가 있다.

피해자를 탓하는 심리

카트리나 당시 뉴올리언스 시민 중 10만 명이 대피 지시를 어기고 남아 있다가 화를 당했다. 희생자에게 동정과 구호를 보내면서도 자업자득을 지적하는 미국인도 많았다고 한다. 게다가 "언론은 만연한 무법 상태와 폭동처럼 보이는 상황을 묘사하며 우리 모두로부터 희생자의 잘못을 찾아내려는 충동을 이끌어냈다"라고 존스는 말한다. 사실 시민 중에는 자동차가 없거나 너무 늦게 대피 명령을 들어서 불가피하게 남아 있던 이들이 많았다고 한다. 이러한 사실을 무시하고 희생자를 동정하면서도 "희생자에게 책임을 물음으로써 자신을 희생자들과 분리하려는 인간의 욕구", 즉 '안타깝지만 저 사람들은 조심하지 않았기 때문이야. 나와 내 가족은 조심하면 괜찮을 거야'와 같은 인간의 욕구는 언제나 살아 있다고 존스는 일침을 가한다.

이태원 참사에 대한 반응과 겹치는 부분이 있지 않은가? 특히 한국 언론의 '구급차 옆 떼창' 등의 여과 없는 보도 및 '거기 간 사람들이 다 저렇지' 식으로 빈정거리는 댓글들과 겹친다. 실제로 저런 이들도 일부 있었겠지만, 그것이 이 압사사고의 핵심은 아니다. 서울대 언론정보학과 김은미 교수는 "한국 뉴스가 대중에게 전달되는 방법이 주로 포털을 통해서 슈퍼마켓 선반에 진열되듯 보여지다 보니 경쟁 속에 속보와 자극적인 뉴스에 집중하게 된다"고 지적했다.

누군가는 '자연재해로 죽은 사람들과 놀다가 죽은 사람들을 어찌 비교하는가'라고 주장할지도 모른다. 실제로 "거기에 왜 갔나", "일하다 죽은 게 아니라 놀다가 죽은 사람들에게 애도기간 까지 가져야 하나"라는 말들이 인터넷과 소셜미디어에서 적지 않게 나왔다. 그러나 우리 대부분은 일도 하고 놀기도 하는 인간 이다. 게다가 놀이야말로 인류 문화의 기원이고 원동력이라고 네덜란드 문화사학자 요한 하위징아Johan Huizinga, 1872~1945는 《호모 루덴스(놀이하는 인간)》(1938)에서 주장했다.

"왜 국적불명의 귀신 명절을 지내다 이렇게 되었느냐"라는 핼 러윈 탓도 나왔다. 엄밀히 말하자면 핼러윈은 "국적불명"이 아니 라 국적이 미국인 명절, 정확히는 아일랜드계 이민자들이 미국 에서 발달시킨 명절이다. 그런 핼러윈을 가장 적극적으로 수입 한 나라 중 하나가 한국일 것이다. 그런데 그게 나쁜가? 분장을 하고 클럽에 가는 게 과연 우리 전통과 아무런 접합점이 없을 까? 상고시대에 우리 조상들도 하늘에 제사를 지낸 후 탈 쓰고 음주가무를 했으며, 고려시대에는 그런 행사가 화려한 볼거리로 발전한 팔관회와 나례가 있었다. 괴력난신怪力亂神을 혐오한 조선 의 유교문화와 이후의 근대화 과정에서 사라졌을 뿐이다. 축제 를 즐기는 흥이 잠재해 있는데 지낼 축제가 다 없어졌으니 외국 축제라도 수입해서 즐기는 것이다.

게다가 한국의 현대문화는 혼종성이 특징이다. 지금 세계를 휩쓰는 K팝과 K드라마는 미국 대중음악과 할리우드의 영향 없이는 만들어지지 않았다. 2022년 이태원 참사 희생자 156명이라는 비극적인 숫자 속에 외국인이 무려 14개국 26명에 달하는 것은, 이태원 자체가 전통적인 다문화 거리이기도 하지만, 한국화된 이태원 할로윈 축제가 국제적인 문화로 떠올랐다는 사실을 암시한다. 유튜버들이 사고 직전에 찍은 영상을 보면 무척 정교하고 창의적인 분장을 한 사람들도 눈에 띈다. 누가 그런 축제가 재앙과 비극이 될 줄 알고 거기에 갔을까.

재난의 가장 무서운 위협은 인간성에 대한 위협

다시 지진 전문가 존스의 《재난의 세계사》에서 카트리나 참사로 돌아가보자. 희생자 탓을 하는 것과 달리 정부 탓을 하는 것은 과연 근거가 많다고 존스는 말한다. 당시 시 정부, 주 정부, 연방정부 사이의 긴급 협조체계가 엉망이었고 다년간의 허리케인 경험과 전문가들의 뛰어난 예측 시나리오가 있었음에도 불구하고 피해자를 구할 인력과 물자가 충분히 마련되지 않았다. "관료들이 최악의 시나리오를 생각해보고는 최상의 시나리오에 해당하는 자원만 제공하는 고전적인 사례"였다. 게다가 정부는 "허리케인 이전, 도중, 이후에도 국민들을 돕는 데 실패했다"고 존스는 준엄하게 질책한다.

하지만 동시에 존스는 말한다. "어떻게 다르게 대처할 수 있었을지 말하는 것은 쉽지 않다. 그렇게 큰 실패가 일어나려면 여러 주체들의 수많은 작은 실패가 있어야 한다. (…) 카트리나의 경우, 정부가 주민들을 실망시킨 것은 사실이지만, 그 실패는 훨씬 전에 만연해 있던 문제들에서 비롯됐다." 즉 정부기관과 관료 중에 특정 주체, 특정 개인을 골라내서 모든 죄를 뒤집어씌우고 조리돌림하는 것은 매우 쉽지만 오히려 재난의 근본적인 해결책을 세우는 것을 방해한다는 것이다.

우리는 어땠을까. 이태원 참사의 경우, 주최자 없는 군중의 모임을 어떻게 제어하고 압사사고를 방지할지에 대한 매뉴얼 자체가 그간 없었다. 또한 김은미 교수가 추천한 〈LA타임스〉의 기사대로 핼러윈에 대한 관심의 세대 간 격차 때문에, 정부당국과 언론 등 기성세대 그 누구도 이런 사태가 일어날지를 예측하지 못했다. 물론 이것이 정부의 면죄부가 될 수 없다. 당일에 압사 가능성 신고가 수차례 들어왔음에도 경찰이 제대로 대응하지 못한 것 등 여러 문제가 있었다. 그러나 중요한 것은 누구를 끌어내리고 조리돌림하는 게 아니라 수습하고 매뉴얼과 시스템을 세우는 것이다.

이런 와중에 오로지 자신이나 자기 진영의 정치 권력에 대한 욕심에서 가짜뉴스를 퍼뜨리고 선동을 하는 이들은, 희생자에게 악플을 다는 이들과 다를 바 없게 보인다. 그들에게 들려주고 싶은 존스의 말이 있다. "재난의 가장 무서운 위협은 우리의 인간성에 대한 위협이라는 사실을 우리는 명심해야 한다."

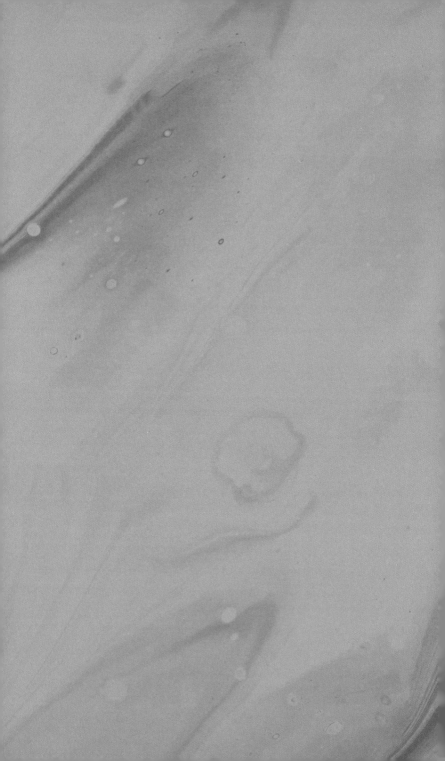

4장

하이브리드 한류

'가장 한국적인 것이 가장 세계적이다'라는 말이 한때 유행했다. 하지만 외국인이 가장 선호하는 '한식'은 치킨이다. 넷플릭스 사상 최대 히트작 〈오징어 게임〉은 세계보편적인 요소와 한국적인 요소, 진부한 요소와 독창적인 요소를 정교하게 잘 버무렸는데, 이러한 배합의 기술 자체가 할리우드의 영향을 강하게 받은 것이다. 방탄소년단으로 대표되는 K팝 등 한류의 최신 주자들은 '가장 한국적'이라기보다는 오히려 '한국적이지 않은 동시에 한국적'인 것, 즉 혼종(하이브리드hybrid)이다. 제목부터 근육질의 기운을 풍기는 몸 겨루기 예능 〈피지컬: 100〉도 그렇다. 신체와 관련된 고대 그리스·로마 문화와 철학의 영향을 강하게 받았으면서 그것을 새롭게 비틀었기 때문에, 서구에서 열광적인 반응을 얻었다.

혼종적이고 다문화적인 것은 대국의 특징이다. 지금 한국은 경제와 문화에 있어서 역사상 최초로 세계적 대국의 문턱에 와 있다. 하지만 한국인들의 마인드는 아직 대국적이지 못한 것 같다. 외국인들은 "한국은 이미 선진국이자 강대국인데도 약소국인 것처럼 군다"라고 종종 말한다. '희생자의식 민족주의'에 함몰되어 강대국에게는 선망과 반감이 뒤섞인 자세를, 기타 국가에는 수출 돈벌이 대상이 아니면 무관심인 게 소국 마인드다. 이 장은 이미 혼종적 대국으로 가고 있는 한국의 위상과 그것을 따라가지 못하는 한국인의 마인드에 관한 이야기다.

치킨과 〈오징어 게임〉
과연 가장 한국적이라 세계적인가

외국인이 가장 많이 먹고 선호하는 한식은 무엇일까? 농식품부와 한식진흥원의 연례 조사에 따르면 한국식 치킨이라고 한다. 한국 전통음식에 닭튀김은 없고 특히 우리가 '치킨'이라고 부르는 딥 프라이드 치킨은 미국 남부에서 유래한 것인데, 이게 '한식'일까? 〈누들로드〉, 〈요리인류〉 등 인류학적 음식 다큐멘터리를 만들어온 이욱정 PD는 이렇게 말했다. "두 번 튀긴다든지 양념을 한다든지 하는 창의적인 레시피로 재탄생하면서 한국화된 음식이므로 한식의 일부라고 할 수 있을 것이다."

심지어 2021년 옥스퍼드 영어사전에 새로 추가된 '한국 기원의 단어words of Korean origin' 26개에는 'chimaek(치맥)'이 포함돼 있다. 그 정의를 보면 "한국과 한국 스타일 음식점에서 맥주와 함께 나오는 프라이드 치킨"이며 "한국 TV 드라마 〈별에서 온 그대〉(2014)에 의해 한국 밖에서 대중화되었다"라는 친절한 부연설명까지 있다. 그렇다면 치킨과 치맥은 한국적인가, 한국적이 아닌 것인가?

할리우드 색채 짙은 〈오징어 게임〉

2021년 세계 83개국에서 시청 1위를 하며 넷플릭스 사상 최대 히트작이 된 〈오징어 게임〉은 어떤가? 이 드라마가 대성공하자 '역시 가장 한국적인 것이 가장 세계적이다'라는 평이 많이 나왔다. 그러나 이 드라마가 가장 한국적이라고 할 수 있을까? 빈부격차와 가계부채 등 사회문제와 가족애가 한국적 요소로 꼽히지만 이것은 세계보편적인 것이기도 하다. 특히 주인공 기훈(이정재)이 전처와 사는 딸에게 보이는 애정은 할리우드 영화에서 자주 보던 스타일이다. 그렇다고 한국적이지 않은 것도 아니다.

또한 한국의 어린이 놀이가 등장한 게 '가장 한국적인' 요소로 꼽히는데, 딱지치기와 달고나 게임은 외국 시청자에게 이국적인 흥미를 불러일으켰지만 무궁화꽃이피었습니다 놀이와 줄

다리기는 비슷한 게임이 다른 나라에도 있어서 오히려 친숙한 재미를 주었다고 한다. 〈오징어 게임〉이 세계적으로 성공한 것은 가장 한국적인 놀이를 소개해서가 아니다. 이렇게 낯선 것과 익숙한 것이 섞인, 그리고 누구나 이해하기 쉬운 어린이 놀이를 목숨 건 데스 게임으로 만들어서 시청자가 더 강하게 몰입하고 잔혹한 아이러니를 느끼게 했기 때문이다.

게다가 놀이동산을 연상시키는 화사한 파스텔톤 게임 공간들이 몰입과 반어적 효과를 극대화했다. 이러한 영화미술에는, 감독이 네덜란드 화가 마우리츠 에셔Maurits Cornelis Escher, 1896~1972의 작품에서 영감을 받았다고 밝힌 계단 공간을 포함해서, 서양미술에서 영감을 받은 것이 많다. 참가자들의 녹색 운동복과 병정들의 핫핑크 유니폼이 만들어내는 강렬한 색채 대조가 없었다면 이 드라마가 이토록 히트하지 못했으리라는 평도 있다. 핫핑크 유니폼은 탈국적적이고, 녹색 운동복은 한국인에게 새마을운동 시절의 향수를 불러일으키지만 세계인에게도 낯선 의복이아니다.

한마디로 〈오징어 게임〉은 세계보편적인 요소와 지역적인 요소, 진부한 요소와 독창적인 요소를 정교하게 잘 배합해서 전 세계 대중에게 어필한 콘텐츠다. 이러한 배합의 기술은 지금까지 그 기술을 주도해온 미국 영화 산업의 영향을 강하게 받은 것이다. 그러니까 〈오징어 게임〉은 가장 한국적이라기보다 어떤 면으로 상당히 할리우드적인데, 할리우드가 주로 해오던 일을 더 잘 해냈다고 볼 수 있는 것이다.

〈오징어 게임〉은 심지어 자막 장벽까지 넘어섰다. 그 전에는 영어권 관람자들이 자막 읽는 것을 번거로워 했고 영어권 지역의 흥행이 타 지역에 미치는 영향이 크기 때문에 비영어 콘텐츠의 세계적 흥행이 쉽지 않았는데 말이다. 영국 BBC는 이 점을 주목해서 '〈오징어 게임〉은 TV 혁명의 여명인가'라는 분석기사를 실었다. BBC는 사람들이 휴대폰으로 늘 문자를 보게 되면서 자막 거부감이 낮아졌다는 영화평론가 달시 파켓Darcy Paquet의 말을 인용했다. 여기에 덧붙일 것은, 넷플릭스와 유튜브 같은 플랫폼에서는 영화관에서와 달리 놓치는 부분을 바로 뒤로 돌려 볼 수 있다는 것이다. 그렇기 때문에 자막 읽는 것이 느려도 심리적 장벽이 줄어들게 된다.

한국적이지 않은 동시에 한국적인 것

디지털 미디어 환경의 변화 덕분에 한류는 2000년대에 아시아 이웃 나라들과 서구의 서브컬처 마니아에게 어필하던 것에서 한층 진화해서 이제 글로벌 문화의 한 주류로 부상하고 있다. 이것이 최근 한류의 한 특징이다. 두 번째 특징은 〈오징어 게임〉과 그 뒤를 이어 흥행한 다른 넷플릭스 한국 드라마들부터 옥스퍼드 사전에 그 명칭이 등재된 먹방과 치맥에 이르기까지 한류의 최신 주자들이 '가장 한국적'이라기보다는 오히려 '한국적이지 않은 동시에 한국적'이라는 것이다.

여기서 '한국적이지 않다'는 것은 이들이 근대화·서구화 이전의 전통과는 크게 상관 없다는 의미다. 즉 동시에 '한국적'이라는 것은 미국, 일본 등 외국 문화의 영향을 받아들여 일종의 '혼종'이 된 한국 대중문화 풍토에서 자생적으로 발생했다는 것이다. 〈오징어 게임〉이 자연스럽게 한국적이면서 할리우드적이기도 한 것은 한국 문화 자체가 탈식민주의 학자 호미 바바가 말한 혼종성을 띠기 때문이다. 이러한 혼종성은 문화식민지였던 나라가 도리어 제국의 문화권력을 전복할 수 있는 힘이 된다.

그러니 지금도 문화정책이나 문화사 기록에 고집스럽게 나타나는, 오로지 옛 전통에 입각해 '한국적'인 것을 정의하고 외국 문화의 영향을 배제하려는 태도를 재고할 때가 되었다. 철학자 자크 데리다Jacques Derrida, 1930~2004의 이론 중에 '체제의 토사물le vomi du systeme'이라는 개념이 있다. 이것은 의미체계 내부에 있는 규정할 수 없고 변화무쌍한 빈 공간을 말하는데, '한국 문화'에 들어가 있는 '무언가 한국적이지 않은 것'도 여기에 해당한다고 할 수 있을 것이다.

규정하고 구분하는 것을 좋아하고, 동일하지 않은 변화하는 정체성을 거부하며, 닫힌 체계를 지향하는 이들은 이 규정할 수 없고 변화무쌍한 존재가 "오염"을 일으키는 것을 막기 위해 이를 체제 밖으로 토해내려 한다. 하지만 '체제의 토사물'은 의미 체계의 보완물로서 사실 온전하지 않았던 체계의 핵심에 자리잡은 것이며 이것을 뱉어내는 순간 오히려 체계 자체가 무너진다. 한국 문화에서 한국적이지 않은 것들을 함부로 규정하고 뽑아내다가는 도리어 아무것도 남지 않을 것이다.

올림픽 중계와 BTS

우리는 대국 마인드를 가졌을까

한국은 오늘날 문화 소프트 파워의 공인된 챔피언이다. 지난 20년간, 한국의 가수들과 배우들은 아시아, 나아가 전 세계의 슈퍼스타 지위로 치고 올라왔다. 그 기미가 이미 2012년 바이럴한 재미의 '강남스타일'에 나타났고 BTS(방탄소년단), LOONA(이달의소녀) 등 K팝 밴드의 스타디움을 가득 채운 공연으로 강화됐으며, 봉준호 〈기생충〉의 전례 없는 오스카 작품상 수상에까지 이르렀다. 미국 다음으로, 불과 5,100만 명 인구의 한국만큼 글로벌한 문화적 영향력을 지닌 나라는 이제 없다는 게 과장된 말이 아닌 것 같다.

미국의 젊은 문화평론가 제이슨 파라고Jason Farago는 2020년

〈뉴욕 타임스〉에 영문 서적 《1953년 이후의 한국 미술》(정연심 외 공저) 서평을 쓰면서 첫머리를 이렇게 풀어놓았다. '캬, 국뽕에 취한다'와 '에이, 아직 그 정도는 아니지?'의 느낌이 교차할 만큼 한국을 문화 대국大國으로 묘사했다. 물론 한 사람의 의견에 엄청난 무게를 부여할 필요는 없다. 외국인, 특히 영미 평론가의 말에 지나치게 일희일비하는 한국인의 고질적 습관은 사실 문화적 자존감 부족에서 오는 것이고 고쳐야 할 것이니까. 그러나 자타 불문하고 한국을 문화 대국으로 말하는 사람이 점점 늘고 있다는 점에서 한 가지는 확실해 보인다. 한국 문화의 세계적 위상은 전례 없는 단계까지 왔으며 상승세라는 것.

앞서의 글에서 파라고는 한국의 미술가들 또한 세계적 주목을 받고 있다면서 한국 미술사를 알아야 할 필요성에 대해 역설했다. 그 후 1년 사이에 '프리즈' 같은 주요 글로벌 아트페어와 '타데우스 로팍', '화이트 큐브' 같은 이름 높은 갤러리들이 한국 진출을 선언했다. 기존의 아시아 미술 허브인 홍콩이 자유민주주의를 위협당하고 한국 미술시장이 팽창하면서 벌어진 결과다.

물론 미술시장으로서의 위상이 높아진다고 그 나라 미술가들의 세계사적 위상이 자동적으로 높아지는 것은 아니다. 그러나 역사적으로 거장들이 출현한 미술의 중심지는 언제나 경제와 시장의 중심지였다. 르네상스 시대 이탈리아 도시들이 그랬고,

17세기 네덜란드가 그랬고, 18~20세기 초 파리가 그랬고, 20세기 중반부터 뉴욕과 런던이 그렇다. 한국은 이제 GDP 기준 세계 10위의 경제규모를 지녔으며, 2021년 유엔무역개발회의 UNCTAD에서 회원 만장일치로 선진국 그룹 지위를 인정 받았다. 즉 영화와 대중음악뿐만 아니라 이른바 순수예술에서도 세계를 주도할 발판이 마련되었다는 것이다.

"경제·문화 대국인데 약소국처럼 군다"

사실 한국이 선진국이라는 말을 나는 이미 오래 전부터 내가 일하던 영어신문 〈코리아중앙데일리〉의 에디터들을 비롯한 외국인들에게 들어왔다. 그런데 그 말은 비난을 동반하는 경우도 종종 있었다. 10여 년에 어떤 미국인 에디터는 "한국은 이미 선진국이자 강대국인데도 약소국인 것처럼 굴며 피해의식을 갖고 다른 나라들을 대하는 경우가 많은 것 같다"라고 했다. 내가 "한국은 공교롭게도 지정학적으로 더 강대국인 나라에 둘러싸여 있으며 그로 인해 과거에 실제로 피해를 입었다"고 대꾸하자, 그는 물었다. "그것은 과거의 일이지 당신 세대의 일이 아니지 않은가? 그리고 강대국들과의 관계가 그렇다면 한국은 소국이나 개도국에 대해서는 관용적이고 열린 나라인가? 아예 관심이나 있는가?"

그의 말은 역사학자인 임지현 서강대 교수가 《희생자의식 민족주의》(2021)로 집대성한 문제의식과 일치한다. '희생자의식 민족주의 Victimhood Nationalism'는 세계 학계에서 주목받은 임 교수의 용어인데, 단순하게 요약하면 '우리는 역사상 피해자였으니 우리의 배타적 민족주의는 정당화된다'는 세습적 집단의식을 말한다. 대부분의 나라에 이런 정서가 있는데, 한국과 그 이웃나라들은 특히 강한 축에 속한다.

물론 우리는 주변국의 현재진행형 파시즘의 가능성이나 그것을 부추길 과거사 미화 등에 대해서는 단호히 대처해야 한다. 그러나 희생자의식 민족주의에 함몰되어 강대국에게는 선망과 반감이 뒤섞인 자세를, 기타 국가에는 수출 돈벌이 대상이 아니면 무관심을 고수하는 소국의 마인드를 유지하면 한국은 그동안 성취한 경제적·문화적 지위에도 시야와 운신이 좁아질 수밖에 없다. 그럼 한국은 과연 어느 정도 대국의 마인드를 가졌을까? 2021년 도쿄올림픽 중계와 BTS는 그에 대한 복합적인 지표다.

도쿄올림픽에 나타난 한국의 세계시민의식

2021년 도쿄올림픽 중계방송은 한국의 소국 마인드를 여기저기에서 드러냈다. '대참사'로 불리며 영문 공식 사과문 발표와 대표의 사과 기자회견까지 초래한 MBC의 개막식 중계를 보자. MBC는 각국 선수단 입장 때 그 나라를 소개하는 이미지와 문구로 부적절한 것들을 올려 세계 언론에 오르내렸는데, 최악의 사례는 우크라이나 선수단 입장 때 인류의 비극이었던 체르노빌 원자력 사고가 일어난 발전소 사진을 띄운 것과 아이티 선수단 입장 때 현지 폭동 사진과 함께 '대통령 암살로 정국은 안갯속'이라는 문구를 넣은 것 등이다.

하지만 그 외에도 어이없는 것들이 많았는데, 가장 '웃픈' 것은 루마니아 선수단이 입장할 때 드라큘라의 이미지를 넣은 것이었다. 드라큘라라는 익숙한 캐릭터로 재미를 주고 싶었다면, 드라큘라의 모델이 된 중세 루마니아의 실존 인물 블라드 3세 드라큘라Vlad III Drăculea의 초상화를 넣는 방법도 있었을 텐데 그런 성의조차 없이 할리우드 고전 흑백영화의 〈드라큘라〉 이미지를 넣었다. 최소한 공중파 방송이라면 각국에 대한 얄팍한 정보와 고정된 이미지를 성의 없이 재생산하는 대신 올림픽을 계기로 세계에 대한 지식의 깊이를 넓히려는 노력을 했어야 하지 않을까?

MBC가 워낙 사람들을 경악하게 한 덕분에 SBS의 올림픽 중계는 상대적으로 묻혔지만, 소국의 마인드를 발휘하는 것에 있어서 SBS 또한 그에 버금가는 모습을 보여주었다. 도쿄올림픽 중계를 예고하는 SBS의 홍보영상에는 아나운서 등이 일제강점기를 배경으로 독립투사 같은 모습으로 등장했고, 또 다른 영상에는 '일제강점기 의로운 항일 깡패'를 주인공으로 한 옛 드라마 〈야인시대〉(2002~2003)의 김두한 역 배우까지 소환된다. 이게 대체 세계인이 겨루고 화합하는 축제 올림픽을 홍보하자는 것인가, 아니면 한일대항전을 홍보하자는 것인가? 게다가 SBS는 개막식에서도 개최국 일본을 빈정거리는 듯한 멘트를 남발해서 빈축을 샀다. 그에 대해 신각수 전 주일대사는 이렇게 꼬집었다. "올림픽은 세계인의 축제다. 더구나 팬데믹이라는 인류의 고된 상황에서 열리는 행사인데, 이것을 그냥 축하하면 안 되나?"

하지만 도쿄올림픽에서 한국은 대국의 면모도 보였다. 태권도가 2000년 올림픽 정식 종목이 된 이후 최초로 이 대회에서 한국은 금메달을 하나도 따지 못했고 대신 금메달 8개를 미국·러시아·태국·이탈리아·크로아티아·세르비아·우즈베키스탄 7개국이 나눠가졌다. 이것에 대해 한국 언론과 네티즌은 세계 태권도의 전력 평준화와 메달 다변화로 태권도의 진정한 세계화가 이루어졌다고 쿨하게 평했다. 이것이 바로 대국의 마인드다. 물론 여기에는 '유력 서구 언론' 중 하나인 〈뉴욕 타임스〉가 태권도야말로 스포츠 약소국들의 희망이며 "K팝 이전에 한국이 수출한 가장 성공적인 문화상품"이라고 했기 때문도 있지만 말이다.

국뽕을 넘어서 BTS를 볼 배포가 있는가

그렇다면 문화대국 형성에 기여한 K팝에 대해서는 한국은 대국의 마인드를 가지고 있을까? 내가 2019년 가을부터 2020년 여름까지 문화학 석사 학위를 따기 위해 영국 런던에 체류할 때, 나의 런던 집 플랫메이트인 20대 후반의 타이완 출신 대학원생 피비는 BTS의 팬 '아미'의 일원이었다.

"내가 10년 전에 영국에 와서 힘들고 외로웠을 때 BTS의 노래가 얼마나 힘이 됐는지 몰라. 게다가 BTS 때문에 영국에서 우리 같은 아시아인을 보는 시선이 달라졌어, 진짜야"라고 피비는 말했다. 피비의 책장에는 BTS 멤버들이 추천한 문학책들이 가지런히 꽂혀 있었다. 피비는 그들이 자신에게 어떤 영감을 주는지, 폭력적이고 선정적인 가사의 대중음악이 지배적이 된 지금, BTS의 건강한 노랫말이 오히려 얼마나 신선한지도 이야기했다. 그때

내가 실감한 것은 이것이었다. '아, BTS는 이제 정말 한국만의 밴드가 아니구나."

그런데 정작 한국에서 BTS를 바라보는 시각은 종종 얄팍하고 협소하지 않은가? "국위선양을 하는 애국청년들" 식의 민족주의·국가주의적 관점이거나 "국가와 기업의 브랜드 가치를 높이는 데 도움이 되는 매우 수익성 있는 상품" 식의 자본주의 비즈니스적 관점이 많은 것이다.

하지만 BTS의 존재는 그 이상이라는 것을, 런던에서 만난 또다른 아미인 아프리카계 영국인 애시Ash와 이야기하면서 알 수 있었다. 애시는 놀랍게도 BTS는 물론 K팝 전체의 역사에 대해서 해박한 지식을 지니고 있었다. 게다가 BTS가 노래에 한국어 가사를 많이 넣는 동시에 "Love Yourself"와 같은 경계 없는 메시지를 전달하는 것이 세계 대중문화의 다양성을 높여준다는 인상적인 비평을 했다. 글로벌 팬덤 네트워크인 아미의 존재, 그리고 그들이 BTS를 향유하고 지지하는 새로운 방식은 그 자체로 기존의 서구중심적, 일방적 세계화와 다른 대안적 세계화의 기폭제가 되고 있었다.

우리는 이것을 한국 전체의 마인드에 적용할 필요가 있지 않을까? 내가 영국에서 코로나19를 비롯한 세계적 이슈들을 겪으면서 실감한 것은 영국을 비롯한 서구는 진보주의자들이라고 해도 여전히 서구 중심 시각에서 벗어나지 못했다는 것, 그리고 반대로 한국은 여전히 민족주의적 시각이 강한 채, 그 높아진 세계 위상에도 불구하고 세계문제에 대한 관심이 적다는 것이었다. 오로지 우리가 외국에서 칭찬받아 이른바 '국뽕'을 충족시키는 것 외에는. 산업화와 민주화를 성취하고 이제 경제 문화 대국으로 취급받는 이 시점에 한국은 서구와 반목하지 않으면서 서구 중심적 글로벌리즘에 대안을 제시할 또 하나의 리더에 가장 맞지 않을까? 그러기 위한 대국의 마인드를 우리는 과연 가졌는가?

〈피지컬: 100〉

한국 근육질 예능에 왜 그리스 조각과 신화가 나올까

'어, 고대 그리스 조각과 정말 비슷하네.'

넷플릭스 오리지널 몸 겨루기 예능 〈피지컬: 100〉(2023)에서 결승전에 진출할 5인을 가리는 경기들을 보며 떠오른 생각이다. 신들을 속인 벌로 산꼭대기로 밀어 올리면 떨어지는 돌덩어리를 영원히 다시 밀어 올려야 하는 인간 시시포스, 신들과 싸운 죄로 천구天球를 떠받치는 형벌을 받은 티탄(거인 신) 아틀라스 등 그리스 신화에 나오는 장면들로 경기를 기획했으니 어쩌면 당연한 일이다.

하지만 누구도 참가자들에게 그 신화를 묘사한 그림·조각과 비슷한 자세를 일부러 취하라고는 하지 않았다. 그런데 참가자들은 전력을 당해 경기에 임하면서 자신도 모르게 그 신화 장면을 묘사한 고전미술과 무척 유사한 포즈 및 근육과 핏줄의 불거짐을 보여주고 있었다. 고통스러우면서도 그것을 참아내는 그 표정까지 말이다. 마치 고대 그리스 조각 〈라오콘 군상〉을 몸으로 재현하고 있는 것 같았다. 18세기 독일 미술사학자 빙켈만은 〈라오콘 군상〉이 극한의 고통 속에서도 그것을 버티어내는 영혼의 위대함을 "고상한 단순함과 고요한 웅장함"으로 표현해냈다고 극찬했다.

이 경기뿐만 아니라 〈피지컬: 100〉 제작진의 고대 그리스 예술 오마주는 프로그램 시작부터 눈에 띄었다. 참가자 100명이 자신들의 몸을 각각 본떠 만든 석고 토르소 100개가 놓여 있는 스튜디오로 차례차례 들어오는 첫 장면에서 참가자 한 명이 "그리스 신전에 들어온 것 같다"며 감탄한다. 이것이 제작진이 주고자 한 느낌이었을 것이다. 또한 활을 당기는 사냥의 여신 아르테미스의 조각이 중간중간 클로즈업된다.

몸을 탐구하고 찬양하는 프로그램

〈피지컬: 100〉이 너무나 솔직하게 제목으로 말하듯 몸을 탐구하고 찬양하는 프로그램이기에 고대 그리스 예술을 소환하는 것은 어울리는 선택이다. 서구 문화의 양대 기둥 중 한 축인 기독교 문화는 육체를 정신보다 열등하고 속된 것으로 여겼지만, 또 다른 기둥인 그리스·로마 문화는 아름답고 건강한 육체에 아름답고 건강한 정신이 깃든다는 믿음으로 육체를 단련하고 이상화된 육체를 통해 정신성을 표현하는 것에 열심이었으니 말이다.

20세기 영국 미술사학자 케네스 클라크Kenneth Clark,1903~1983에 따르면, '누드nude'는 '알몸naked'과는 완전히 다른, 기원전 5세기 그리스인들이 창안한 예술 형식이며, "인간이 만물의 척도"라고 믿은 그리스인들은 인간 누드를 통해 '이상적인 형태의 아름다움'과 '힘', 그 힘이 좌절되는 '비극'까지 표현하려 했다. 〈피지컬: 100〉에서 자신의 힘의 한계를 실감하며 토르소를 망치로 깨는 참가자들의 모습과 겹쳐지는 대목이다.

반면 〈피지컬: 100〉이 고대 그리스 예술이나 그것을 숭상한 서양 르네상스 시대 고전주의 예술과 확연히 갈라지는 부분이 있다. 고대 그리스인들과 고전주의 예술가들은 이상적인 아름다움과 힘과 고귀한 정신을 오로지 서양 남성의 신체로만 구현할 수 있다고 믿었고, 그렇게 이상화한 신체는 특정 비례와 균형을 따른 전형적인 모습이었다.

〈피지컬: 100〉이 프로그램 초반에 뛰어난 체형과 외모를 지닌

고대 그리스 조각 걸작 〈레슬링 선수들〉. 원작은 사라졌고 19세기 이탈리아 모작이다.

남성 출연자들을 공개할 때만 해도, 서양 고전주의의 이상적 미에 가까운 한국 남성들을 내세워 아시아 남성의 피지컬에 대한 서양인들의 고정관념을 깨려는 시도가 아닌가 생각했었다. 그러나 〈피지컬: 100〉의 의도는 그것을 훨씬 뛰어넘는 것이었다.

이상적 몸은 서양 남성 몸이라는 관념을 깨다

〈피지컬: 100〉 참가자들은 키와 몸무게와 체형이 다양하며 여성도 포함되어 있다. 처음에 그저 양념 정도로 출연한 것이 아닌가 했던 여성 참가자와 상대적으로 왜소한 체형의 남성 참가자들은 경기가 펼쳐지면서 놀라운 능력과 근성을 보여주었다.

경기는 반전의 연속이었고, 덩치와 완력에서 압도적으로 우월해 보이는 사람이 많은 팀이 그렇지 못한 팀에게 패배하기도 했다. 게임 종류와 환경에 따라 최고의 능력을 발휘하는 몸이 각기 달랐다. 하지만 일관되게 감탄을 불러일으키는 것은 투지와 근성이었다. 미세한 차이로 승패가 갈렸지만 패배자에게도 감탄이 나오는 경기가 한둘이 아니었다.

결국 이 프로그램은 고대 그리스인들로부터 신체 단련 찬양과 신체를 통한 정신의 표현을 이어받되, 참가자 100명의 다양

프란츠 폰 슈투크, 〈시시포스〉, 1920년, 캔버스에 유채, 100×140cm, 리탈러
미술관_함부르크

한 몸이 모두 아름답고 강하다는 것을 보여줌으로써 서양 남성의 전형적인 몸으로만 이상적 미와 힘을 구현하는 고대 그리스 예술의 전통을 깬 것이다. 이것에 고전주의 예술 전통에 익숙한 서구뿐 아니라 세계 각국이 호응하면서 이 예능은 78개국에서 TV쇼 시청 10위 안에 들었다.

〈피지컬: 100〉이 특히 인기 많은 나라 중 하나가 영국이었다. 일간지 〈가디언〉은 2가지 면에서 극찬했다. 첫째, "한국에서 가장 육체미학적으로 위압적인 사람 100명을 모아서, 그들 중 누구에게도 유리하지 않은 운동 경기를 설계하고, 디스토피아 SF 스릴러 같은 스토리텔링으로 엮는" 엄청난 장인의 기술을 발휘해서 "〈오징어 게임〉과 〈글래디에이터〉의 교배"를 이루어냈다고 평가했다.

둘째, 참가자들이 미국 리얼리티 쇼에서와 달리 서로를 존중하고 겸손해서 사랑스럽다면서 따라서 "TV가 불쾌하게 폭력적인 시대에 육체적 거물들이 모래밭에서 럭비 태클을 하는 쇼임에도 불구하고 믿을 수 없을 만큼 착하다"고 설명했다.

반면에 다른 일간지 〈더 인디펜던트〉는 〈피지컬: 100〉이 〈오징어 게임〉에 버금가게 살벌하다고 보면서, 이것은 넷플릭스 전략의 일환이라고 냉정하게 분석했다. "넷플릭스는 시청자들이 〈피지컬: 100〉을 보면서 〈오징어 게임〉을 떠올리기를 원한다"며

"아무도 죽지 않는 건 자명하지만, 상금을 타기 위해 '최후에 1명만 남을 때까지 극한의 생존경쟁'을 하게 된다. 특히 불편했던 한 전투에서는 남성 참가자가 여성 참가자의 가슴을 무릎으로 누르는 장면도 나왔다"라고 지적했다

한편 〈피지컬: 100〉의 인기가 시청자의 운동 욕구로 이어졌는가는 미지로 남는다. "인간의 몸은 거짓을 말하지 않는다. 스스로 쓴 고통의 역사이자 그 결과물이기 때문이다"라는 프로그램의 내레이션에 고개를 크게 끄덕이며 간식과 야식을 끊고 피트니스 클럽으로 달려가는 사람들이 있는가 하면, "돈과 시간이 있어야 몸을 만들지"라며 고개를 내젓는 사람들도 많았다. 몸은 노력에 정직하지만, 돈과 시간이 없으면 그 노력을 할 여유가 없는 것도 작금의 현실이니까.

조선 백자 탄식

얄궂게도 일본에 끌려간 도공만 이름이 남았다

"현대미술가 작품 같네."

리움미술관 화제의 전시 〈조선의 백자, 군자지향〉(2023)에서 '철화·동화백자' 섹션을 둘러볼 때 주변에서 들려온 소리였다. 과연, 〈백자철화 어문병〉에 그려진 발 달린(!) 물고기는 파울 클레Paul Klee, 1879~1940의 그림 같았다. '고된 시기에도 예술적 끼와 유머가 있었구나'라는 감탄이 나왔다. 17세기 철화·동화백자는 조선이 왜란과 호란을 연이어 겪은 후 청화 안료를 구하기 힘들어졌을 때 나타난 것이기 때문이다.

전시를 기획한 리움미술관의 이준광 책임연구원은 "군자는 곤궁 속에서도 굳세다"는 공자의 말을 이 섹션의 테마로 인용했

백자철화 어문병, 조선 17세기, 높이 17.6cm 몸지름 12.6cm, 개인 소장, 리움미술관 〈조선의 백자, 군자지향〉 전, 사진_문소영

다. 조선 백자는 힘든 시기의 지방 백자부터 풍요로운 시기의 왕실 백자까지 유교의 이상적 인간상 '군자'의 모습을 투영한다는 견해에서 전시 제목을 '군자지향'으로 했다.

전시를 보며 백자가 얼마나 다채로우며 어떤 것들은 전위미술을 연상시킬 정도로 창의적인지 알 수 있었다. 일찍이 조선 백자에서 전위성을 발견한 사람은 현대미술 거장 김환기였는데, 달항아리 못지 않게 그에게 영감을 주었을 법한 청화철화백자도 전시에 한 점 나와 있었다. '백자청화철화 삼산뇌문 산뢰(의례 용기)'인데, 김환기의 1950년대 말~1960년대 초 그림들에 등장하는 추상화된 산॥의 모습과 무척 닮은 문양이 있다.

도공의 이름은 왜 남지 않았을까

그러나 조선 백자가 빛을 발하는 이 전시에는 그림자도 드리워져 있었다. 전시 어디에도 이토록 매력적인 백자를 만든 도공들의 이름은 없었다. 알려져 있지 않기 때문이었다. 이 연구원에게 문의하니 전시에 나온 백자뿐만 아니라 그가 연구했던 조선 자기 중에 제작자의 이름이 남아 있는 경우는 한 번도 보지 못했다는 답이 돌아왔다.

백자청화철화 삼산뇌문 산뢰, 조선 15세기, 높이 27.5cm 몸지름 21cm, 개인 소장,
리움미술관 〈조선의 백자, 군자지향〉 전, 사진_문소영

그래도 우리는 몇몇 조선 도공의 이름을 알고 있다. 이삼평, 박평의, 그리고 요즘 활발히 재조명되고 있는 여성 도공 백파선 百婆仙,1560~1656 등이다. '백파선'은 본명은 아니며 '백 살 할머니 신선'이라는 뜻의 존경이 담긴 호칭이다.

아이러니컬하게도 이들은 모두 임진왜란 당시에 포로로 끌려가 일본의 도자기 산업을 획기적으로 발전시킨 이들이다. 일본의 대표 도자기인 아리타 도자기를 개발한 이삼평과 백파선은 그 지역에서 각각 '도자기의 시조', '도업의 어머니'로 불리며 신사와 절에서 기려지고 있다. 특히 백파선이 이렇게 기려지지 않았다면 조선에 여성 도공이 있었다는 사실조차 몰랐을 것이다.

세계 두 번째 백자 기술이 국부로 이어지지 못한 이유

임진왜란이 일어난 16세기 말까지만 해도, 도기陶器는 세계 여러 곳에서 생산되고 있었지만, 고도의 기술을 요하는 자기瓷器, 특히 백자를 생산할 수 있는 나라는 전 세계에서 중국과 조선뿐이었다. 중국은 그러한 백자를 아랍과 유럽에 명품으로 활발히 수출하고 있었다. 사실 청화백자 자체가 푸른색을 좋아하는 아랍인의 취향에 맞춰 수출용으로 개발한 것이었다.

2018년 일본 아리타 백파선갤러리에 세워진 조선의 여성 도공 백파선의 동상.
사진_한국도예협회

그러나 중국과의 조공무역에 주로 의존하던 조선은 백자를 서역에 수출해 국부를 쌓을 여력도, 의지도 없었다. 유교 중에서도 하필 주자학 근본주의를 따르면서, 상공업의 발달을 경계했다. 조선의 도공들은 뛰어난 기술과 예술성을 지니고도 익명의 존재로 머물렀다. 그러다가 임진왜란을 당하면서 조직적으로 납치당했다.

훗날인 광해군 때, 조선 포로를 데려오기 위해 일본에 파견된 이경직은, 이미 일본에서 생활이 안정된 상당수가 귀환을 거부했다고 《부상록扶桑錄》에 썼다. 대접이 좋았던 도공들은 특히 그랬을 것이다. 그들을 확보한 일본은 유럽 시장에서 중국을 위협하는 자기 수출국으로 변모했고 엄청난 수출 수익을 벌어들여 근대화의 밑거름을 마련했다.

이런 상황이 누적되어서 오스트리아 여행작가 헤세-바르텍Ernst von Hesse-Wartegg, 1854~1918이 구한말 한양을 방문했을 때 조선과 일본의 경제문화 격차는 극에 달해 있었다. 헤세-바르텍은 《조선, 1894년 여름》에서 조선의 공예품 수준은 일본은 물론 동남아와 비교해도 조악한 것이 많으며 외국인에게 물건을 팔아 돈을 벌려는 의지도 없다고 신랄하게 비판했다.

물론 당시 서구인의 오만과 편견을 담아 과장된 것도 있겠지만, 그의 비판은 쓰디쓰다. 그 배경에 대해 그가 무지하지 않았기 때문이다. "만약 그들(조선 민중)이 생계유지비보다 더 많이 번다면 관리들에게 빼앗길 것이다. (…) 관리들의 탐욕은 이윤 획득과 소유에 대한 모든 욕구와 노동 의지, 그리고 모든 산업을 질식시켰다."

헤세-바르텍은 조선을 무턱대고 비하하지 않는다. 조선인은 한때 이웃나라 국민들보다 훨씬 앞섰고 "12세기에 벌써 서적 인쇄술을 알고 있었다. 이는 유럽의 인쇄술 발명보다 100년이나 앞선다!"라고 썼다. 조선 도자기 역사도 꽤 알고 있다. "조선의 도자기와 채색 백자는 이미 15세기에 유명했고, 17세기 말까지도 일본인들이 대량으로 구입했다. 일본이 조선을 끔찍하게 파괴한 전쟁이 끝났을 때, 사쓰마의 강력한 다이묘였던 나베시마는 조선의 도공들을 자신의 고향인 규슈 섬으로 끌고 갔는데, 오늘날 사쓰마 도자기가 최고 명성을 누리게 된 것은 바로 이 도공들 덕분이다."

곧이어 그는 일침한다. "하지만 일본인들이 새로 습득한 기반 위에서 무언가를 더 만들어 마침내 많은 영역에서 산업을 발전시킴으로써 오늘날 유명해진 반면, 조선인들은 수백 년 동안 그 자리에 머물러 있다. 외부세계로부터 철저하게 차단되어 있고, 관리들의 억압과 착취 그리고 무능력한 정부 탓에 그나마 존재하던 산업은 오히려 뒷걸음질 쳤다." 그래도 조선인은 "훌륭한 본성" 때문에 "현명한 정부가 주도하는 변화된 상황에서라면, 이들은 아주 짧은 시간에 깜짝 놀랄 만한 것을 이루어낼 것이다"라고 그는 예언했다. 그리고 그 예언은 20세기에 실현되었다.

주자학 독재가 망친 예술 경제

백범 김구1876~1949는 〈나의 소원〉(1947)에서 이렇게 말했다.

모든 계급 독재 중에서도 가장 무서운 것은 철학을 기초로 한 계급 독재다. 수백 년 동안 이조 조선에 행하여 온 계급 독재는 유교, 그중에도 주자학파의 철학을 기초로 한 것이어서, 다만 정치에 있어서만 독재가 아니라 사상·학문·사회생활·가정생활·개인생활까지도 규정하는 독재였다. 이 독재정치 밑에서 우리의 문화는 소멸되고 원기는 마멸된 것이다. 주자학 이외의 학문은 발달하지 못하니 이 영향은 예술·경제·산업에까지 미치었다. 우리나라가 망하고 민력이 쇠잔하게 된 가장 큰 원인이 실로 여기 있었다.

백범의 말도 '식민사관'이라고 할 텐가? 조선은 전 세계에서 두 번째로 백자를 생산할 수 있었으면서도 수출할 생각을 하지 못했고 도공의 대우해 이름을 남겨줄 생각도 하지 않았다. 이제 유교와 결부된 조선 백자를 볼 때 그 예술성에 감탄하면서도 그 그림자도 돌아볼 필요가 있다.

5장

신개념 전통

앞 장에서 이야기한 '한국적이지 않으면서 한국적인' 혼종성은 '전통'을 대하는 혼종적인 태도로 이어진다. '전통'의 정의와 범위조차 매우 모호해서, 우리가 막연하게 '오랜 전통'이라 생각하는 게 사실은 현대의 산물인 경우가 많다. 이를테면 달항아리가 '한국미의 대표'가 된 것은 사실 2000년 이후부터다. '달항아리'로 불리는 크고 둥그런 달 같은 백자 항아리는 18세기부터 나타났지만, '달항아리'라는 이름이 생긴 것은 1960년대이며 미학적 담론이 덧입혀져 21세기에 한국미의 아이콘이 된 것이다.

때로는 강렬한 민족주의가 본래 없는 전통을 소중한 전통인 것처럼 둔갑시키기도 한다. 표준영정이 신성시되고 '잘못된 표준영정'에 대해 논란이 일어나지만 사실 모두 상상의 초상화일 뿐이다. 초상화를 선호한 것은 서양이었지, 우리 조상은 초상화보다 신주神主로 사람을 기려왔다. 동상도 마찬가지다. 한국은 세종대왕과 이순신 장군 동상부터 심지어 '강남스타일' 동상까지 동상 세우기에 열심인 나라가 되었지만 동상은 서구의 전통이다. 한국의 전통은 누군가를 기릴 때 비석이나 사당이나 홍문紅門을 세우는 것이었다. 그러니까, 구체적인 형상으로 묘사하는 것이 아니라 추상적인 상징으로 생각을 불러일으키는 방식이다. 하지만 요즘 '위인 동상을 세우지 말자'고 외치면 '민족과 전통을 무시하는 자'가 되어버리기 십상이다. 민족주의와 서구문화가 '짬뽕'이 된 기이한 혼종성이 가장 강렬하게 구현된 곳 중 하나는 최근 개방된 청와대다.

이 혼종성과 전통에 대한 착각은 우스꽝스럽기도 하고 짜증을 유발하기도 하지만 한국 문화가 정체성을 찾아가는 과정이기도 하다. 이 장은 그것에 관한 이야기이다.

달항아리

최고의 브랜딩 성공 사례

달항아리는 원래 달항아리가 아니었다! 윗부분과 아랫부분을 따로 만들어 붙인 커다랗고 둥그런 백자 항아리는 조선 후기부터 나타났지만 '달항아리'라고 불리기 시작한 것은 20세기 중반이 지나서부터였다. 이 아름답고 시적인 이름을 창조한 사람은 현대미술 거장 김환기라고도 하고 김환기의 절친이자 국립중앙박물관 관장이었던 최순우1916~1984라고도 한다.

김환기는 50년대부터 둥그런 백자 항아리를 둥그런 파란 보름달과 짝지어서 그리곤 했다. 항아리를 달에 비유한 시와 수필을 남기기도 했다. 고미술상 홍기대에 따르면, "김환기가 도자기를 사기 시작한 것은 해방 이후로 (…) 백자 항아리 중 일제 때

둥글다고 해서 마루츠보丸壺라고 불렸던 한 항아리를 특히 좋아해 그가 '달항아리'라고 이름 붙였다."

그러나 '달항아리'라는 신조어가 지면에 처음 나타난 것은 김환기의 글이 아닌 최순우의 1963년 신문 칼럼에서다. "오늘 백발이 성성한 어느 노감상가 한 분이 찾아와서 시원하고 부드럽게 생긴 큰 유백색 달항아리 하나를 어루만져보고는 혼잣말처럼 '잘생긴 며느리 같구나' 하고 자못 즐거운 눈치였다." 그런데 최순우의 칼럼 뒷부분에 김환기의 항아리 사랑 이야기가 나오는 것을 보면, 두 사람이 서로 영감을 주고받으며 '달항아리'라는 이름과 그 미학을 정립해나간 것으로 보인다.

그 후에도 '달항아리'라는 이름은 바로 보편화되지 않았다. 수십 년 동안 그 공식 명칭은 '백자대호白磁大壺'였고 그저 '백자 항아리'로 불리기도 했다. 나는 1950년 이전에 창간된 신문들을 대상으로 '달항아리' 단어가 나온 빈도를 조사해본 적이 있다. 1980년대까지는 거의 없고 1990년대에 조금씩 나타나다가 2000년대부터 폭발적으로 늘어났다.

2000년대 들어 '한국미의 아이콘'이 되다

2000년대 들어 달항아리에 관한 큰 사건이 몇 가지 있었다. 런던 영국박물관(대영박물관)이 한국과 협업해서 한국실을 2000년에 개관하면서 주요 유물로서 18세기 백자대호를 'Moon Jar(달항아리)'라는 이름으로 내놓았다. 이 낭만적인 이름이 한몫해서 달항아리는 영국박물관의 인기 유물로 떠오르고 알랭 드 보통 같은 유럽 문인·예술인들이 그에 관한 글을 쓰기도 했다.

2005년 서울 국립고궁박물관이 개관전으로 〈백자 달항아리〉전을 연 것도 전환점이었다. 국립박물관이 '달항아리'라는 명칭을 전시 공식 제목에 쓴 게 그때가 처음이었다. 당시의 유홍준 문화재청장은 전시 도록 서문에 달항아리는 "한국미의 극치"라고 썼다. 2011년 드디어 문화재청은 국보·보물로 지정된 7개 백자대호의 공식 명칭을 모두 '백자 달항아리'로 바꿨다. 그러면서 달항아리는 한국의 미를 대표하는 아이콘으로 자리잡았다.

지금 국립중앙박물관 백자실에 가보면 국보·보물 백자들 중에서도 최고 스타인 달항아리를 위해 별도의 공간이 마련되어 있다. 유물 달항아리가 놓여 있는 뒤로 디스플레이가 있고 둥실 뜬 하얀 달이 물결 위에 광채를 퍼뜨리거나 눈 쌓인 나뭇가지 사이로 휘영청 빛나는 미디어 아트가 상영된다. 관람객이 그것을 멍하니 바라보며, 즉 '달멍'하며 힐링할 수 있도록 의자도 놓여 있다. 그런데 만약 달항아리가 아니라 '백자대호' 공간이었다면 이런 감성 연출이 가능했을까?

또 세계적인 K팝 밴드 BTS가 팬들을 위해 직접 그린 '아미(BTS 팬덤)의 방' 그림을 공개했을 때, 밴드의 리더인 RM은 그림 속에 달항아리와 사방탁자를 그려 넣고 "푸근한 느낌의 달항아리의 곡선, 사방탁자의 직선(…)이 어우러져 아미 여러분에게 다채로운 편안함을 선물할 수 있으면 좋겠다"고 했다. 만약 "푸근한 느낌의 백자대호"라고 했다면, 푸근하긴커녕 얼마나 딱딱했을까? 네이밍의 힘을 절감하게 된다.

20세기 미학 담론과 네이밍으로 인한 현대의 산물

그러니 달항아리를 단순히 '옛것'이라 말할 수 있을까? 18세기에 만들어진 백자원호라도 그것이 달항아리라고 불리면서 '현대의 산물'로 재탄생한 것이다. 단지 네이밍 때문만이 아니다. 조선 후기에 그것은 그저 여러 백자 그릇 종류 중 하나였다. 그러나 현대에는 "한국미의 극치"라는 미학적 의미를 입게 되었다.

그런데 달항아리에 으레 붙는 미학적 수식어 "소박함", "백색

국립중앙박물관의 달항아리, 사진_문소영

의 미", "자연스럽게 나온 일그러짐의 아름다움"은 사실 일제강점기에 미술평론가 야나기 무네요시柳宗悦, 1889~1961가 조선 백자의 특징으로 언급하기 시작한 것이다. 지금 성립한 달항아리 미학은 한국의 예술가·평론가들이 야나기를 수용하는 동시에 극복하면서 만들어진 것이다.

야나기는 상류층을 위한 사치품 대신, 민중에 의한, 민중을 위한 일상용품으로서의 공예가 중요하다고 생각했고 일본에서 '민예民藝' 운동을 일으켰다. 같은 맥락에서 귀족적인 고려 청자와 사대부의 문방구 조선 백자보다 서민의 일상용기 백자에 주목하고 그 아름다움을 찬양했다. 영국박물관의 설명대로 "20세기 전반에 서구에서 한국 도자기를 점차 높이 평가하게 된 데에는 야나기 등 일본 민예학자들이 많은 부분 기여"한 게 사실이다. 김환기와 최순우가 달항아리의 매력에 눈 뜨게 된 것도 야나기의 영향이었다.

그러나 야나기는 조선의 미를 수동적인 "비애의 미"로 규정해서 훗날 반발을 사게 됐다. 야나기는 조선 항아리가 몸체에 비해 굽이 작은 것을 가리켜 "안정도가 상실"된 것이며 지상에 몸을 붙이지 못하는 "민족이 경험한 괴로움과 슬픔"이 무의식적으로 반영된 것이라고 했다.

반면에 김환기는 달항아리의 굽이 작은 것을 "현대미술의 전위"로 여겼다. 그가 조선 백자를 현대 건축의 거장 르 코르뷔지에의 건물에 비긴 것은 참 절묘하다. 르 코르뷔지에 건축의 특징인 필로티(개방된 공간에 서 있는 기둥들 위에 건물을 세워 지상에서 건물을 분리시킨 것)는 김환기가 "굽이 좁다 못해 둥실 떠 있다"고 한 달항아리의 독특한 형태와 잘 맞아떨어진다. 김환기는 달항아리의 좁은 굽에서 야나기처럼 "슬픔"을 보는 대신 자유와 아방가르드 정신을 본 것이다.

지금 달항아리가 한국미의 아이콘이 된 배경에는 이런 미학적 담론의 역사가 있다. 달항아리야말로 철학과 감성을 결합한 한국 문화사 최고의 브랜딩 사례라고 감히 말하고 싶다. 하지만 요즘은 그 잘 만들어진 브랜드에 숟가락을 얹어 아무 디자인에나 달항아리를 갖다 붙이는 사례를 종종 본다. 해외 미술관 한국실에 현대 도예가의 달항아리가 아무 맥락 없이 설치되어 오히려 초라하게 보이는 경우도 여럿 목격했다. 100년의 담론 속에 휘황한 보름달처럼 솟아오른 달항아리가 기울어져버리지 않도록 신경 쓸 일이다.

영국박물관의 스타 달항아리

"서울역을 떠나는 내 슬픔은 표현하기조차 힘들 정도다. 내 마음 한 조각을 떼어놓고 오는 기분이다."

20세기 영국의 주요 도예가인 버나드 리치Bernard Leach, 1887~1979는 친구인 야나기 무네요시와 함께 1920년 조선 여행을 마치고 돌아오면서 이렇게 썼다. 창경궁의 이왕가박물관에 갔다가 한국 도자기의 매력에 푹 빠져버린 상태였다.

리치는 1935년 다시 야나기와 함께 조선을 방문했고 조선 백자의 "자연스러운 무심함natural unselfconsciousness"에 더욱 빠져들었다. 결국 몇 점을 구입해 영국으로 가져갔는데, 그중 하나가 바로 런던 영국박물관에 소장된 달항아리다. 박물관 가이드북에도 등장하는 스타 유물이다.

리치의 작품 철학은 '동서양의 결합'과 '산업혁명에 저항하는 수공, 手工'이었고, 거기에 달항아리를 비롯한 조선 백자가 많은 영감을 주었다. 그는 주변 사람들에게 부지런히 달항아리를 소개했다. 그리고 1943년에 동료 도예가인 루시 리Lucie Rie, 1902~1995에게 달항아리를 선물했다. 그때부터 리가 세상을 떠날 때까지 달항아리는 리의 스튜디오에 있었다.

리의 노년에 엘리자베스 2세의 제부인 사진작가 스노든 백작Lord

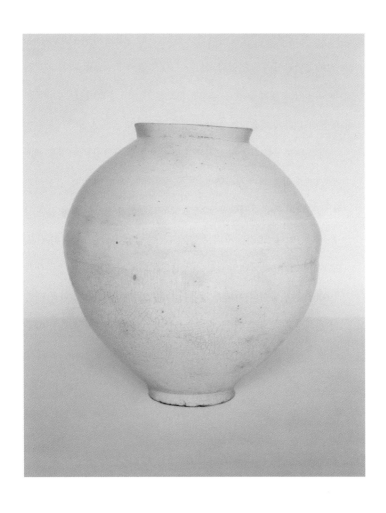

사진작가 구본창이 영국박물관 달항아리를 찍은 〈BM04〉(2006), 사진_구본창,
백자 소장처: 영국박물관 The British Museum_런던, 영국

Snodon이 그녀의 사진을 시리즈로 찍었는데, 사진에 잡힌 리의 옆에는 언제나 달항아리가 있었다. 1980년대 말 잡지에서 우연히 이 사진을 본 사진작가 구본창은 항아리에 새겨진 세월의 흔적이 노^老 도예가의 얼굴과 묘하게 어울리는 것에 강렬한 인상을 받았다고 한다.

시간을 축적한 사물에 그전부터 관심이 많던 구본창은 이것을 계기로 백자 연작을 찍기 시작했다. 백자 특유의 "무욕의 마음"을 표현하기 위해 도자기 특유의 광택을 없애고 영적인 분위기가 강한 회화 같은 작품을 만들었다. 그 연작에 바로 영국박물관 달항아리가 포함되어 있고, 그 사진으로 인해 국내외 달항아리 열풍은 더욱 힘을 얻었다.

이처럼 '한국미의 아이콘 달항아리'는 외국인의 시각과 한국 예술의 정체성을 찾고자 한 국내 예술가들의 탐구가 서로 반응하며 이루어진 결과물인 것이다.

'표준' 영정
상상의 초상화에 왜 표준이 필요할까

국가 지정 표준영정이 벌써 100개가 넘는다. 백 번째 표준영
정은 누구의 것일까? 비운의 소년왕 단종1441~1457의 어진御眞이
다. 그런데 2021년 어진이 공개되었을 때 당황하는 사람들이 많
았다. 영화와 TV드라마에서 단종 역의 배우가 앳되고 갸름한 얼
굴로 나오는 경우가 많다 보니, 어진의 성숙하고 원만한 얼굴이
낯설었기 때문이었다.

하지만 강원도 영월군에 의뢰받아 작품을 제작한 권오창 한
국화가는《조선왕조실록》의 묘사와 단종의 조상인 태조의 어진
을 연구했고, 특히 단종을 죽음으로 몬 장본인이되 가까운 혈족
이었던 세조(수양대군)의 어진 초본을 참고했다고 한다. 태조와

세조의 어진은 조선 왕의 실제 얼굴이 반영된 몇 안 되는 현존 그림인데, 생존 당시에 그려진 도사圖寫본이 아니라 그것을 후대에 정교히 베낀 모사본이다.

단종의 실제 얼굴이 수백 년 후 배우 얼굴보다는 그림 속 숙부 얼굴을 닮았을 확률이 높긴 할 것이다. 하지만 친족 간에 전혀 닮지 않은 경우도 흔하지 않은가. 결국 단종이 어떻게 생겼는지는 상상의 영역인 것이다. 이렇게 많은 부분 상상에 기댈 수밖에 없는 초상화는 천차만별로 나올 수 있는데 그중 하나를 '표준'으로 지정하는 것이 옳을까?

털 한 올이라도 다르면 다른 사람

상상의 초상화는 우리 조상이 중시한 '일호불사 편시타인一毫不似 便是他人' 즉 '털 한 올이라도 같지 않으면 곧 다른 사람이 된다'의 법칙을 결코 만족시킬 수 없다. '일호불사'는 조선시대 초상화의 정직한 극사실주의 정신을 가리키는 말로 널리 알려져 있다.

그런데 미술사학자 강관식 교수에 따르면, 원래는 좀 다른 맥락이라고 한다. 중국 북송시대 유학의 대가 정이程頤, 1033~1107가 '제사에 영정을 쓰려면 털 한 올도 다르지 않은 초상을 써야 다

168

제100호 표준영정으로 지정된 권오창의 단종 어진

른 사람에게 제사 지내는 게 되지 않으며 실제로는 그것이 불가능하니 영정 대신 신주를 써야 한다'라는 뜻으로 한 말이라는 것이다.

어찌 보면 서구 그리스도교에서 비잔틴 시대와 종교개혁 시대 벌어진 성상聖像파괴운동과 비슷한 맥락이다. 오묘한 신성神性을 한낱 사람 이미지로 표현할 수 없다는 것이 성상파괴운동에 깔린 생각이고, 한 인간의 인성人性조차도 하나의 그림으로 완전히 재현할 수 없다는 게 유학자 정이의 생각인 셈이다.

이렇게 '일호불사'가 초상화 자체의 한계를 가리킨 유교 제사 철학이든, 또는 조선 극사실주의 초상화 정신이든 간에, 상상의 초상화를 '표준영정'으로 지정해 유교적인 사당 제사용으로 쓰는 것은, '일호불사' 전통과 꽤나 동떨어진 것으로 보인다.

물론 현대는 이미지의 시대다. 나도 단종 같은 드라마틱한 역사의 주인공들 얼굴이 궁금하고 그 얼굴을 이미지로 재현했다면 흥미를 가지고 보게 된다. 게다가 단종이 유배되어 비극적 최후를 맞은 영월군에서는 그가 태백산 신령이 되었다는 전설과 함께 오랫동안 무속의 신으로 숭배되어 왔고, 민중의 비애와 염원이 담긴 무신도로 많이 그려져왔다. 단종은 영월 일대의 사당과 절, 성황당에서 유교와 무속을 넘나드는 융합적 형태로 기려지고 있다. 그런 와중에 좀 더 고증을 잘 살린 번듯한 어진으로

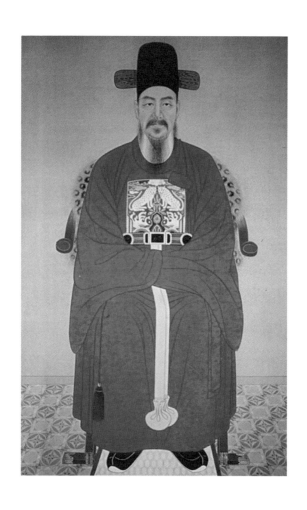

제1호 표준영정인 월전 장우성의 충무공 이순신

단종을 재현해보고자 하는 소망이 있을 수 있고 또 실현될 수 있다.

　문제는 이 어진이든 다른 그림이든 '일호불사'의 그림도 아닌 것이 '표준'이 될 수 있는가이다. 나는 예전에 문화체육관광부 장관을 인터뷰할 때도 표준영정 제도 자체를 폐지할 의향이 없느냐고 물은 적이 있다. 그에 관한 정부 입장은 다음과 같은 것이었다. "지역과 관련된 역사 인물을 기리거나 관광에 활용하기 위해 영정을 제작해서 사당에 봉안하려는 지자체의 수요가 존재한다. 예를 들어 단종 표준영정은 매년 개최되는 영월 단종문화제에 활용될 예정이다. 표준영정 제도는 각 시대에 맞는 복식 고증이 핵심인데, 만약 고증이 잘못된 경우 사당 참배객이나 홍보물을 접하는 사람들에게 잘못된 역사교육을 하는 것과 마찬가지가 된다. 표준영정 제도는 사학자, 고고학자, 복식 전문가, 미술 전문가 등 15명으로 구성된 위원회에서 자문을 제공해서 영정을 그리는 작가가 고증 오류를 최소화하도록 돕는 제도이다. 또한, 전통 초상화 기법 발달과 복식 연구에 기여하는 순기능이 있다. 여기에다 지자체의 지속적인 수요가 있기 때문에 표준영정 제도를 존치할 필요가 있다."

　여기서 고증과 전통 초상화 양성에 관한 부분은 특히 일리가 있다. 하지만 고증 과정에서도 여러 학설이 충돌할 수 있고 연구

결과가 쌓이면서 한때 정설이었던 고증이 틀린 것이 되기도 한다. 그리고 표준영정 제도만이 전통 초상화를 양성할 수 있는 것도 아니다. 오히려 표준영정은 역사인물에 대한 다양한 시각적 해석과 상상을 억압하고 획일화할 수 있다. 정부는 "표준영정 사용을 의무화하지는 않기 때문에 예술 행위를 표준화하는 것은 아니다"라고 하지만, '표준'이라는 타이틀은 하나의 권위가 되지 않는가?

일종의 '성상'이 된 표준영정

성상파괴운동을 했던 이들이 걱정했던 것은 성상이 한없이 크고 깊은 신성을 대표하지 못할 뿐만 아니라 주객전도로 그 성상 자체가 신으로 여겨지고 섬겨지는 것이었다. 그와 비슷하게, '위인'의 표준영정이 주객전도로 위인의 얼굴 자체로 받아들여져, 다른 그림이나 영화에서 위인의 묘사가 표준영정과 크게 다르면 비난이 나오는 경우도 생기곤 한다. 그 대표적인 예가 1973년 최초의 표준영정으로 지정된 월전 장우성1912~2005의 충무공 이순신1545~1598 영정이다. 우리는 아직도 그 영정처럼 홀쭉하고 지적인 얼굴이 아닌 이순신을 보면 당황하지 않는가.

국교가 따로 없는 대한민국에서 민족주의가 국교 같은 신성 불가침의 위치를 차지하면서 민족적 영웅의 표준영정은 일종의 성상이 되었다. 아이러니컬하게도 바로 그 성상 같은 지위 때문에 영정이 강력한 권위를 누리다가 잃어버리기도 한다. 지금 월전의 충무공 영정은 월전의 친일 논란 때문에 표준영정 해제 논쟁이 한창이다. '성상'의 제작자에게는 종교적 순결성이 요구되기 때문에, 월전의 일제강점기 총독부 후원 전시 참여가 과연 적극적 친일매국 행위냐는 반론에도 불구하고, 그가 제작한 표준영정 박탈이 주장되고 논의되는 것이다.

한편 표준영정 제도 존치와 관련한 정부 입장에서 "지자체의 수요"와 "관광"이라는 부분도 흥미롭다. 민족주의와 더불어 현대 한국을 작동시키는 주요 원리인 자본주의가 표준영정 제도에도 영향을 주고 있는 것이다. 이미지의 시대에 한 지역이 낳은 역사 인물의 그림은 지역 홍보와 관광산업에 도움이 되긴 할 것이다. 하지만 그 얼굴을 '일호불사'로 그리는 것은 불가능하리라. 그러니 다시 묻게 된다. 영정이야 얼마든지 만들 수 있지만 표준영정 제도는 과연 필요할까?

귀신

인터넷 성지와 유튜브 무속

무속과 민간신앙은 21세기 우리 곁에도 있다. SBS 드라마 〈악귀〉(2023)에선 초자연적 판타지이면서 현실풍자 도구로, MBC 토크쇼 〈심야괴담회〉(2021~)에선 믿거나 말거나 식의 이야깃거리로서 나타난다.

무속에서 영감을 받은 미술가들도 예전부터 많다. 직접 굿 퍼포먼스를 한 비디오 아트 거장 백남준1932~2006부터 무속 그림으로 민중의 정신세계를 표현한 박생광1904~1985, 전통 무속을 스크린에 담아 근대화의 폭력성을 돌아본 박찬경1965~, 무속을 통해서 옛 한국 신화를 돌아본 한국계 캐나다 미술가 제이디 차Zadie Xa,1983~ 등이 대표적이다.

무속에 대한 이중적인 시각

이렇듯 무속은 학문과 예술의 중요한 원천이지만, 실생활에서는 매우 껄끄러운 존재다. 무속 느낌이 풍기는 미술작품을 거리에 설치하면 어김없이 민원이 들어온다. 무속 사기 범죄가 종종 일어나다 보니 사람들은 무속인에 대해 부정적인 시각을 많이 드러낸다. 하지만 무속인 유튜브를 시청하고, 일이 잘 안 풀리면 점집에 가는 사람도 많다.

무속에 대한 이중성은 정치판에서 두드러진다. 상대 진영에 무속을 믿는다는 의혹을 제기하는 것은 언제나 효과적인 공격이지만 그 공격 주체도 무속 의혹에서 자유롭지 않은 게 밝혀져 역공을 당하기도 한다.

이러한 상반된 태도는 조선시대까지 거슬러 올라간다. 유교국가 조선에서 무당은 여덟 종류 천민 중 하나였고, 왕실과 사대부가 무당을 가까이하면 바로 비난을 받았다. 그러면서도 적지 않은 이들이 암암리에 무속에 기대곤 했다. 그 드라마틱한 증거는 현재 샤머니즘 박물관이 들어선 서울 구파발 금성당이다. 금성대군(세종의 여섯째 왕자. 단종 복위 운동을 하다가 처형)을 신으로 모신 신당이었는데, 왕실에서 이곳에 제물을 보내 왕의 건강을 빌었던 기록이 남아 있다.

현대에도 민간신앙에 기울어지기 쉬운 마음을 단적으로 보여주는 사례는 '인터넷 성지 순례'다. 인터넷 커뮤니티에 누군가 앞날을 예측하는 글을 쓴 것이 나중에 정말로 실현되면 마치 그 글이 영험한 성지라도 되는 듯이 거기에 소원을 비는 댓글이 달린다!

예를 들어, 버닝썬 사건이 터졌을 때, 거기 연루되어 결국 징역을 산 연예인이 "일찍 피었다가 일찍 지는 관상"이라고 누군가 주장한 인터넷 글이 발견되었다. 사건이 터지기 6년 전에 써진 글이었기에 '실현된 예언'으로 등극했다. 그러자 그 글에 3,300여 개의 댓글이 쏟아졌는데, 주로 "성지 순례 왔습니다. 올해는 꼭 취직하게 해주세요", "로또 되게 해주세요" 등의 소원 글이다. 물론 일종의 놀이로서 장난 삼아 소원 댓글을 다는 사람이 많지만, 가족의 병이 낫게 해달라는 진지한 글들도 있는 것으로 보아 반신반의하는 마음으로 찾아온 사람들도 있는 듯하다.

21세기에 무속과 민간신앙이 새로운 매체를 타고 재등장한 이유는 무엇일까. 현대 사회가 정신없이 돌아가다 보니 불안감이 더 커졌지만, 미래에 대한 확실하고 낙관적인 답을 듣고 마음의 평화를 얻고 싶은 인간의 심리는 예나 지금이나 같기 때문일 것이다.

귀신 물리친 선사와 관찰사

그런 인간의 마음을 어떻게 다스리면 좋은지에 대한 지혜가 담긴 옛이야기가 있다. 조선 중기 문인 유몽인1559~1623의 《어우야담》을 보자. 나옹 선사1320~1376는 고려 말 공민왕의 왕사王師였으며 무학 대사의 스승이었는데, 그에 대해 다음 같은 민담이 전해온다.

어느 절의 주지로 새로 부임한 나옹이 절에 귀신이 붙어 있음을 간파했다. 불당에 있는 거대 목조 불상을 보더니 그것을 쓰러뜨리라고 명령했다. 승려들은 소원을 빌면 들어주는 영험한 불상이라면서 부처님이 노하실 것이라고 반대했다. 그러자 나옹은 "너희는 부처님을 믿는 것이냐, 불상을 믿는 것이냐"며 호통쳤다. 마지못해 승려들은 불상에 밧줄을 걸어 잡아당겼으나 100명이 달려들어도 꿈쩍하지 않았다. 모두 영험한 불상이라며 두려움에 떨었다. 나옹이 직접 받침대를 놓고 올라가 불상을 한 손으로 밀자 놀랍게도 불상은 즉시 쓰러졌다. 불상을 끌어내 불태우니 기이하게도 나무 타는 냄새가 아니라 노린내가 온 산에 퍼졌다.

나옹은 말했다. "불상에 공양을 올리고 부처님이 아니라 그 물건을 믿으니 귀신이 불상에 붙어서 거짓으로 석가여래의 영험인 것처럼 꾸미는 일이 종종 있다. 처음엔 소원을 들어주지만 결국엔 절 전체가 화를 입는다."

조선 후기 야담집 《청구야담》에는 이런 이야기도 나온다. 옛날 문경새재 산마루에 귀신을 모신 사당이 있었다. 그 주변 지역 관리들은 이들은 이곳을 지날 때 반드시 성대한 굿을 올렸다. 그러지 않으면 재앙이 닥친다는 이유에서였다. 어느 날 신임 관찰사가 문경새재를 넘어가자 아전들이 굿을 하라고 권했다. 하지만 강직한 관찰사는 "그런 요사스러운 짓은 하지 않겠다"며 물리쳤다. 그러자 갑자기 비바람이 몰아쳤고 사람들은 귀신의 소행이라며 두려워했다. 관찰사는 도리어 사당에 불을 지르라고 명했고, 아전들은 마지못해 사당을 불태웠다.

그날 관찰사는 새재를 내려와 역관에서 묵었는데, 꿈에 귀신이 나타났다. "네가 예도 올리지 않고 내 집까지 태워버렸으니, 만약 사당을 다시 세우지 않으면 너의 맏아들을 죽일 것이다." 그러나 관찰사는 귀신을 꾸짖었고, 귀신은 "두고 보자"며 사라졌다.

다음날 놀랍게도 관찰사의 맏아들이 여독이 심해져 급사하고 말았다. 관찰사는 몹시 슬퍼했다. 얼마 후 귀신이 다시 나타나 둘째 아들의 목숨을 가지고 협박하자 관찰사가 재차 꾸짖었다. 그러자 둘째 아들 또한 숨지고 말았다. 이후 귀신이 또 나타났다. 셋째 아들까지 죽이겠다 하니 관찰사는 "인명은 재천인데 한낱 귀신의 말 따위는 믿지 않는다"며 귀신을 칼로 베려 했다. 그러자 귀신이 울며 무릎을 꿇더니 이렇게 말했다.

"사실 저는 인간의 생사화복을 건드리지 못합니다. 다만 미래를 볼 수 있어 어르신의 두 아드님이 곧 수명을 다할 운명이라는 걸 알아 어르신을 협박한 것이었는데, 어르신에게는 통하지 않았습니다. 셋째 아드님은 장수할 것입니다. 이제 어르신 앞에 다시는 나타나지 않겠습니다."

부정하지 않되, 흔들리지 말아야

이 두 이야기는 귀신의 존재 자체는 인정한다. 하지만 귀신은 인간의 나약한 마음에 기생해서 힘을 키우며, 올곧고 굳센 마음으로 무시하면 감히 인간의 길흉화복에 영향을 미칠 수 없다고 깨우친다. 즉 부정하지는 않되 휘둘리지는 않는 태도가 중요한 것이다.

현대인이 무속에 대해 가져야 할 태도도 이것과 크게 다르지 않다. 전통 무속은 학문과 문화의 중요한 자양분이 되고, 가벼운 오락거리가 될 수 있다. 그러나 그것에 빠져들면 귀신을 괴물로 키워주는 꼴이 된다.

청와대

그 기묘한 인테리어도 현대 문화유산

    일반에 개방된 청와대 본관 내부는 재미있는 혼종성의 공간이다. 천장이 드높은 홀과 붉은 카펫이 깔린 중앙계단은 유럽의 궁전과 관공서에 흔한 양식인데, 계단 옆에 한옥 기둥 모습을 흉내 낸 기둥들이 서있다. 천장은 옛 우리 궁궐·사찰의 우물천장인데 조명은 샹들리에이고, 게다가 중앙계단의 샹들리에에는 한옥 공포拱包 모양이면서 유럽식 크리스탈 프리즘을 빼곡히 달았다. 벽에는 신라 금관 모양에 크리스탈을 단 조명도 있다.

    세종실(국무회의장)에는 샹들리에가 드리워진 너머로 송규태 작가의 〈일월오봉도〉가 펼쳐져 있다. 간담회와 소규모 연회 장소인 인왕실에도, 대통령의 집무실과 접견실, 영부인실에도 샹들리에가 달려있는데 모양이 각기 다르고 정교해서 보는 재미가 있지만 대체 왜 이렇게 샹들리에에 집착했을까 하는 생각까지 들게 된다. 한편 창문은 한옥 문살에다 전통 휘장인 방장을 드리우고 매듭이 아름다운 유소(방장걸이 끈)를 달았다.

한마디로 서구적 공간에 한국적인 것을 넣기 위해 애를 썼는데, 그 결합은 성공적인 것도 있지만 우스꽝스러운 것도 적지 않다. 웃음을 유발하는 또 하나의 디테일은 모든 콘센트와 스위치에 화려한 황금색 테두리를 둘렀다는 것이다. 이것이 드높은 천장과 수많은 샹들리에와 조선 궁궐 모티프와 어우러져, 과거 유럽 제국에 대한 동경과 민족적 자존심이 엉켜 있는 나라의 지도자가 쓸 법한 공간을 매우 권위주의적인 분위기로 완성하고 있다.

유럽풍·한국식, 권위·민주의 '짬뽕'

청와대 본관 인테리어의 혼종성은, 최범 디자인 평론가에 따르면, 절충주의 양식Eclecticism이라고 불리며, 세종문화회관 등 20세기 한국 공공건물에 공통적으로 나타나는 양식이다. 청와대 본관은 1991년 노태우 정부 시절 원래 있던 건물을 허물고

한옥에서 모티프를 얻은 청와대의 샹들리에와 기둥. 계단 위로 김식의 〈금수강산도〉(1991) 일부가 보인다. 사진_문소영

정림건축의 설계로 신축한 것이다.

국무회의장 대통령 자리 뒤에 붙박이로 설치된 〈일월오봉도〉를 가리키며 최 평론가는 이렇게 말했다. "국민이 주권을 갖는 대한민국의 대통령은 조선의 왕과 전혀 다른 존재인데, 대통령을 제왕처럼 만들어버리는 이미지다. 뿐만 아니라 청와대 전체가 그 위치나 건축에 있어서 조선의 이미지에 지배되는 공간이다. 이것은 소수의 의사결정권자나 디자이너의 발상보다도 한국인 전체의 의식을 반영한다. 몸은 대한민국에서 살지만 의식과 이미지는 아직 조선에 머물러 있는 것이다."

최 평론가의 말처럼 조선 이후 한 세기가 흘렀고 청와대 본관이 지어진 후에도 30여 년이 흘렀건만 우리는 여전히 대통령을 임금에 비유하고 시민을 백성에 비기는 글과 이미지를 수없이 볼 수 있다. 최 평론가는 말한다.

"이마골로지imagology라는 말처럼 시각적인 것이 의식을 지배한다. 그래서 인습적인 이미지와 공간으로부터 때로 주체적인 단절을 감행할 필요가 있다. 옛 전통을 존중하는 것과 그것을 현재와 혼동하는 건 다른 문제다. 대통령 집무실의 용산 이전은 드디어 조선적인 것에서 벗어났다는 점에서 긍정적이다. 비록 새 집무실은 아무런 개성이 없지만."

그렇다면 청와대 본관의 절충주의 양식은 사라져야 할 구시

청와대 내부의 신라 금관 모양의 벽 조명, 사진_문소영

대의 퇴물일 뿐일까? "이것은 우리가 장기적으로 우리의 스타일을 찾아가는 과정, 시각적인 '나라 만들기nation building'의 과정을 잘 보여준다. 이러한 과정의 역사는 보존되고 연구될 필요가 있다"라고 최 평론가는 말했다.

사실 나는 청와대 본관을 둘러보면서 유럽식과 조선식 인테리어의 진지하고도 때때로 우스꽝스러운 결합이 오히려 '무척 한국적'이라고 느꼈다. 세계적인 미술가 최정화가 말한 대로 한국 현대 문화의 중요한 특성 중 하나가 '짬뽕' 아니겠는가. 이것은 문화사·미술사의 중요한 유산으로 보존할 필요가 있는 것이다.

스토리텔링 공간으로 거듭나야

청와대 본관의 또 다른 혼종성은 권의주의적인 공간에 민주주의 국가 지도자의 국민 눈치 보기 또한 스며 있다는 것이다. 온통 벽화와 부조와 대리석 무늬로 빼곡한 유럽의 궁전과 관공서 공간에 비해 장식이 절제되어 있다. 또한, 600~700여 점의 청와대 소장 미술작품 중에는, 거장의 작품도 있긴 하지만 저가의 작품이 많으며 옛 그림의 모사본도 있다고 한다(정준모 한국

청와대 세종실에 있는 송규태의 〈일월오봉도〉와 샹들리에, 사진_문소영

미술품감정연구센터 대표).[*]

청와대 컬렉션 중에는 장우성, 김기창, 이상범 등 한국화가들의 그림과 '물방울 화가' 김창열의 작품과 '농원의 화가' 이대원의 유화, 노무현 전 대통령이 직접 구입을 결정해 화제가 됐던 전혁림 작가의 가로 7미터 크기의 대작 〈통영항〉 등 중요한 고가의 작품들이 있으나 그 외에는 대체로 "아쉬운 수준"이다. 예산이 매우 적고 체계적으로 작품 구입과 전시를 담당하는 전문가도 따로 없었으며 무명 작가가 일방적으로 작품을 보내오는 경우도 있었기 때문이다. 작품의 정확한 목록은 아직 정리·공개된 적이 없다.

지금 청와대 소장 작품은 대부분 수장고로 옮겨졌다. 청와대 본관에 남아 있는 그림은 인왕실에 걸린 〈통영항〉을 제외하고는, 중앙계단에 설치된 김식 작가의 〈금수강산도〉 등 1991년 청와대 본관이 준공될 때 커미션 워크commission work로 설치된 것이다. 한편 지금 청와대 춘추관에 남아 있는 미디어 아트 거장 백남준1932~2006의 TV 83대 설치 작품 〈비디오 산조散調〉는

---

[*] 정 대표는 국립현대미술관 학예연구실장으로 근무하는 동안(1996~2005년) 1998년 김대중 정부 시절 최초의 청와대 소장 미술작품 전수조사에 참여했고 청와대 내부를 장식할 작품을 큐레이팅했으며, 이후에도 소장품 자문에 참여하곤 했다.

청와대 내부 인왕실에 있는 전혁림의 〈통영항〉과 샹들리에, 사진_문소영

1990년 춘추관 준공 당시 기증받은 것으로 청와대 소장품 중 최고가로 추정되는데, 전기세를 낭비한다는 구설에 오를까 봐 잘 켜지 않았다는 슬픈 사연이 있다.

정 대표는 "청와대 내부의 전문 큐레이터의 부재와 국민 세금을 낭비한다는 구설에 대한 두려움이 청와대 컬렉션의 수준을 높지 못하게 만들었다. 앞으로 대통령실은 일절 작품을 구입하지 않고 대신 전문지식을 갖춘 담당자를 두어 국립현대미술관 등에서 집무실을 장식할 작품을 대여하도록 하는 것이 낫다"라고 조언했다.

그러면 지금 일반 국민에게 개방되고 있는 청와대 공간들은 어떻게 활용되는 것이 좋을까? 전문가들 사이에서는 일단 본관과 관저는 지금의 인테리어 디자인과 가구를 그대로 유지해서 그 자체가 역사박물관이 되도록 하거나 원형을 유지하는 상태로 추가적인 공예·디자인 전시를 하는 박물관이 되도록 해야 한다는 견해가 많다. 다른 건물들과 공간들에 대해서는 각계에서 다양한 제안이 쏟아져 나오고 있다. 역사박물관, 클래식 콘서트홀, K팝 공연장, 도서관 등등…. 무엇이 되었든 중요한 것은 청와대라는 역사적인 장소에 대한 면밀한 연구, 그리고 보존과 활용의 균형을 찾는 것이다.

(왼쪽) 청와대 내부 창문에 드리워진 전통 방장과 유소(방장걸이), 사진_문소영
(오른쪽) 금 테두리로 감싼 청와대 내부 스위치와 콘센트, 사진_문소영

동상
별걸 다 동상으로 만드는 한국

강남스타일 조형물을 서울 코엑스 앞에서 직접 봤을 때 그 충격을 잊을 수 없다. 사진으로 이미 봤는데도 실제로 보니 더욱 놀라웠다. 그 거대함에. 그리고 혹시라도 못 알아볼 관광객을 위해 "GANG NAM STYLE"이라고 커다랗게 새긴 그 부담스러운 친절함에. 무엇보다도, 싸이의 노래 '강남스타일'(2013)의 유쾌하고 권위 조롱적인 B급 정서를, 무겁고 권위적인 매체의 대표격인 브론즈 조각, 즉 동상으로 구현한 그 난해한 발상에.

생각해보니 한국의 관과 단체들은 무언가를 기념하고 기억하는 것에 있어서 — 역사인물은 물론이고 심지어 K팝까지 — 참으로 동상을 좋아한다. 지금 생각하면 웃긴 초등학교 괴담들의

192

서울 광화문광장의 세종대왕 동상, 사진_istock

단골 소재도 동상이었다. 밤 12시가 되면 유관순 열사 동상이
피눈물을 흘린다느니, 이순신 장군과 세종대왕 동상이 서로 싸
운다느니. 학교마다 보급된 동상들이 대부분 조악한 수준으로
대량 제작돼 무시무시하게 생겼기 때문에, '위인의 정신을 본받
는다'는 취지는 간데없고 괴담만 남는 것이다.

정성 들여 제작한 동상이라 해도 '꼭 동상이어야 했나'라는 의
문이 솟을 때가 많다. 서울에서 가장 아름다운 풍경 중 하나는 광
화문 용마루와 그 뒤로 솟은 북악산 능선의 조화인데, 그 앞에서
황동색으로 번쩍거리는, 서구식 사실주의 묘사법으로 제작된 세
종대왕상을 보면 기묘한 부조화를 느끼게 된다. 이곳이 세종로이
니 세종대왕을 기억할 시각적인 무언가를 설치하고자 한 것은 알
겠는데, 그것이 꼭 거대 동상이어야 했을까? 한글을 테마로 한 잔
잔한 추상미술이었으면 안 되었을까? 동상이 한국의 전통인가?

한국에 동상 붐이 일어난 사연

어떤 사람이나 일을 기리고자 할 때 한국의 전통은 비석이나
사당이나 홍문을 세우는 것이었다. 그러니까, 구체적인 형상으로
묘사하는 것이 아니라 추상적인 상징으로 생각을 불러일으키는

오귀스트 로댕, 〈칼레의 시민들〉, 1884~1889, 청동, 201.6×205.4×195.9cm,
프랑스_칼레

것이다. 한편 한국의 조각 전통은 불상과 석물로 이어져 내려왔는데, 서구 고전주의 조각과 달리 반추상적이고 그래서 오히려 현대 미술에 가까운 멋이 있다. 이러나저러나 한국 각종 기관들이 좋아하는 사실적 기법의 동상은 한국 전통과는 아무 상관도 없다.

한국에서 동상 붐이 일어난 것은 1960~1970년대 박정희 정부 시절 서구화와 민족주의 고취를 동시에 진행하면서였다. 정부 산하에 '애국선열조상건립위원회'가 생겨 한국의 주요 역사인물의 동상을 여기저기에 세웠는데, 유럽 전통을 따라서 높다란 돌 받침대에 영웅적인 모습의 브론즈 입상과 기마상으로 만들어 세웠다.

아이러니컬한 것은 정작 서구에서는 이런 식의 모뉴먼트(기념 조형물)에 대한 반발이 이미 19세기 말부터 시작됐다는 것이다. 대표적인 것이 근대 조각 거장 오귀스트 로댕Auguste Rodin, 1840~1917의 〈칼레의 시민들〉(1884~1895)이다. 이 브론즈 군상은 프랑스 칼레 시가 주문한 것이었는데, 중세 백년전쟁 당시 영국군에 포위된 칼레 시의 일반 시민들을 살리기 위해 영국 왕에게 목숨을 내놓기로 자원하고 성문을 나선 6명의 지도층 시민을 기리기 위한 것이었다.

그러나 완성된 로댕의 작품을 보고 칼레 시의회는 격분했다고 한다. 로댕이 죽음에 초연한 영웅들의 모습 대신 두려움과 고뇌에 찬 인간의 모습을 만들었기 때문이었다. 게다가 더욱 파격적

시도호, 〈공인들〉, 1998~1999년, 돌과 청동, 약 284×209.4×275cm, 메트로테크 센터 커먼스_뉴욕

인 것은, 높은 받침대 대신 거의 지면과 가까운 납작한 받침대를 사용해서, 권위를 드높이는 대신 관람객과 함께 호흡하도록 한 것이었다. 결국 이 군상이 칼레 시청 앞에 받아들여진 것은 완성되고도 30년이 지나서였고, 지금은 걸작으로 인정받고 있다.

오히려 서구는 권위적 동상 줄이는 추세

그 후로 점점 더 많은 서구 예술가들은 국가나 관의 권위에 봉사하는 모뉴먼트를 거부하고 대신 일상에 창의적 생각과 아름다움을 불어넣고 시민들과 소통하는 공공예술을 추구해왔다. 그런 가운데 인물이나 사건을 기리기 위해 구체적인 형상의 조각을 세우는 일은 점점 적어지고, 그런 조각으로 한다고 해도 높다란 받침대에 세우거나 거대하게 만드는 법은 거의 없이 시민들 눈높이의 작은 조각으로 세우게 되었다.

그와 관련해서, 독일 다큐멘터리 〈움직이는 예술Kunst in Bewegung〉(2004)을 참고할 만하다. 무엇인가를 기억하기 위한 서구의 예술작품이 어떻게 점점 낮은 자리로 왔는가에 대한 다큐멘터리다. 높다란 동상의 받침대가 낮아져 로댕의 낮은 받침대 조각을 거쳐 아예 받침대 없는 조각들이 나타났고 조각 대신 바닥에 깔린

글자판 등의 추상적인 매개로 기억을 유도하는 작품들도 나왔다.

마지막에 나온 것은 뉴욕의 공공미술품 설치를 주관하는 비영리 미술기구 퍼블릭아트펀드의 1998년 공공미술 전시 '기념조형물을 넘어서서 Beyond the Monument'에 나온 한국 작가 서도호의 역 모뉴먼트 작품이었다. 이 작품은 기념비의 기본 구성 요소인 받침대와 인물상을 갖추고 있다. 그러나 이른바 '위인'이라 불리는 공인 public figure의 조각상이 받침대 위에 우뚝 서있는 대신, 받침대 위는 텅 비어 있으며 받침대 아래에 수백 명 남녀노소의 조그만 형상들이 받침대를 떠받치고 있는 장면을 발견할 수 있다.

서도호는 작가 노트에서 "역사적 업적을 이룩한 위인들이 과연 그들 혼자의 힘으로 그 업적을 이룩했는지에 대한 의문으로 이 작품을 시작했다"고 밝히고 있으며 받침대를 떠받치는 인물들은 6종으로 다양한 인종, 성별, 나이를 포괄하도록 디자인되었다고 설명했다.

이렇게 전통적 형상의 동상을 비롯한 권위적 모뉴먼트를 멀리하는 움직임은 21세기에 들어 더욱 강해지고 있는데, 도리어 한국에서 본래 우리 것도 아니었던 그 낡은 전통을 열심히 계승하고 있으니 아이러니컬한 일이다. 1960~1970년대의 위인 동상은 과도기적 역사의 산물이라 볼 수 있겠지만, 21세기에도 한국의 관과 단체는 여전히 동상에 집착한다. 조선시대 인물의 생가나 유적, 전통 한옥 앞에, 그의 실제 생김새도 모르면서 굳이 동상을 커다랗게 만들어 어울리지도 않게 설치하는 게 과연 필요한 일일까? 강남스타일이나 한류 드라마까지 거대한, 그리고 전혀 아름답지 않은, 동상으로 기념해야 할까?

6장

일상의
마이크로 정치

한국은 산업화와 민주화를 거친 이후 정치적 담론이 활발해지고 다양해졌다. 인터넷과 소셜미디어를 통해서 세계적 이슈들을 시차 없이 접하고 논하게 되면서, 고전적인 좌우 논쟁뿐만 아니라 인종, 성별, 성적 지향, 종교 등 특정 정체성에 기반한 정체성 정치identity politics, 그와 관련된 정치적 올바름PC 문제, 환경 문제, 동물권 문제 등등에 대한 논쟁이 활발해졌다. 바람직한 일이다.

하지만 이 논쟁이 서구가 만든 프레임을 크게 벗어나지 못하면서 새로운 갈등이 만들어지기도 한다. 이를테면 K팝 아이돌의 '뽀샤시'한 사진과 미백 화장품이 타국 팬들에게 "백인 추종", "인종주의"라는 비판을 받는다. 서구와 접촉이 없었던 수천 년 전부터 미백에 신경 써온 한국인은 이것이 또 다른 '인종주의'이며 '오리엔탈리즘'이라 반격한다. 인종차별 자체는 물론 그것을 극복하기 위한 PC조차 서구의 산물이기 때문에 벌어지는 일이다. 또한 PC와 표현의 자유가 충돌하는 경우도 점점 잦아지고 있다. 이것이 진영 싸움과 증오의 정치로 이어지는 대신 건강한 토론으로 이어질 방법을 이 장에서 이야기하려고 한다.

우리의 일상적 견해와 발언도 궁극적으로는 정치와 이어진다는 것을 인식할 때 더 건강한 정치 문화를 만들 수 있다. 특히 한국처럼 팬덤 문화가 강한 곳은 말이다. 평론가들은 K팝이 기존 대중음악과 차별화되는 결정적인 요소가 팬덤이라고 분석한다. K팝 팬덤은 '팬질은 곧 정치질'이라는 평판이 따를 정도로 정치적이다. 흥미로운 것은 최근 10년간 K팝 팬들의 과격한 '정치질'은 순화된 반면, 진짜 정치판의 '정치질'은 과격한 '팬질'이 되었다는 것이다. 이 장에서는 이런 이야기도 다룰 것이다.

뽀얀 피부

미백은 '백인' 추종? 서구인은 '백인'?

질문 1: 2023년 배우 양자경楊紫瓊,1962~이 아카데미 여우주연상을 받자 미국 CNBC, 영국 BBC 등 서구 주요 언론은 "최초의 아시아인이며 두 번째 유색인종 여성woman of color"이라고 보도했다. 한국의 많은 언론도 그 표현을 그대로 썼다. 하지만 시상식에서 환히 웃고 있는 양자경의 얼굴색을 그와 함께 선 '백인' 수상자들과 비교해보자. '백인'은 A4용지처럼 하얗고 양자경은 '유색'인가.

질문 2: 2022년 세계적으로 인기를 끈 넷플릭스 연애 리얼리티쇼 〈솔로지옥〉에서 남성 출연자들이 한 여성 출연자의 피부를 칭찬하며 "하얗고 순수해 보인다"고 했다가 일부 해외 시청자로부터 "백인 추종", "인종주의"라는 비판을 받았다. 그러나 서구와 접촉이 없었던 수천 년 전부터 화장품으로 백분을 사용하고 미백에 신경 써온 한국인은 어리둥절할 수밖에 없었다. K컬처가 세계적 인기를 얻으면서 이런 논란은 본격적으로 일어나고 있다. 어떻게 보고 대응해야 할까.

질문 3: 버락 오바마 미국 전 대통령은 '미국 최초의 흑인 대통령'으로 알려져 있다. 하지만 그는 아프리카계 부친과 유럽계 모친 사이에서 태어났다. 그의 취임 직전 2008년 여론조사에서 미국인의 과반수인 52%가 오바마를 '혼혈인mixed race'으로 본다고 대답했다. 아프리카계 미국인만이 과반수인 55%가 '흑인'으로 본다고 했다. 반면에 그를 '백인'으로 보는지는 질문지에조차 없었다. 왜일까.

이 모든 질문은 한국을 포함한 세계인이 서구가 만든 인종 프레임에서 아직도 벗어나지 못한 현실과 관련이 있다. 인종차별은 물론 그것을 극복하기 위한 PC조차 서구적, 특히 미국적 프레임에 갇혀 있기 때문이다.

인종차별도 그 극복방법도 모두 서구 프레임

3번 질문부터 생각해보면, 오바마 자신이 미국의 비기득권 층을 대변하는 정치적 포지션을 잡고 스스로 '흑인'으로 자처하 기도 했지만 그가 미국사회에서 성장하는 동안 '백인'으로 취급 받지 않은 까닭도 있다. 여기에는 20세기 초의 '한 방울 규칙', "흑인의 피가 한 방울이라도 섞이면 흑인으로 분류"된다는 생각 (박소정, 《미백》, 2022), 즉 가장 순수한 것이 백색 인종이라는 인 종주의가 은근히 스며 있다.

이러한 인종주의, 그리고 '백인'이라는 말의 역사는 생각보다 오래되지 않았다. 중국 청나라에서는 유럽인을 "얼굴이 붉고 털 이 많은" 종족(마빈 해리스, 《작은 인간》, 1989)이라 불렀고 서구인 이 자신을 '백인'이라 칭한 것도 17~18세기부터이다. 그 직전 시대에 산 셰익스피어의 연극을 보면 당시 서구인은 자신들을 '기독교도', 타민족을 '이교도'로 분류했고, 아프리카계 장군 오 셀로를 '무어인'이라고 불렀지 '흑인'이라고 부르지 않았다. 즉 타자화와 구분짓기는 있었지만, 문화와 지역에 기초했지 인종에 기초하지 않았다.

'백인 정체성' 연구의 선구자인 미국 저술가 시어도어 앨런 Theodore William Allen,1919~2005은 "백인은 발명된 것"이라고 단언 했다. 유럽인이 비유럽 대륙을 식민지화하고 대륙 간 노예무역을 본격화하면서 이를 합리화하기 위한 수단으로 자신들을 특별한 인종으로 자리매김했다는 것이다. 아주 옅은 갈색부터 짙은 갈색까지 스펙트럼을 이루는 인류의 피부색이 갑자기 '순수한 백인'과 '열등한 유색인종'으로 딱 갈라진 것이다. 그리고 그게 마치 과학처럼 받아들여졌다. 그러나 현대에는 "생물학자들과 유전학자들도 더는 인종이 물리적으로 실재한다고 믿지 않는다"고 미국 역사학자 넬 어빈 페인터Nell Irvin Painter,1942~는 말한다.

그렇기 때문에 '백인'과 '유색인종'은 그 단어부터 비과학적이며 인종차별을 내포하고 있다. 그런데 재미있는 건, 영어로 'colored people'은 인종차별적 말로 여겨져 방송에서 사용했다가는 큰일이 나고 석고대죄해야 하지만, 'people of color'는 그렇지 않아서 〈뉴욕 타임스〉 등 진보적 매체에도 자주 쓰인다는 것이다. 우리말로는 둘 다 '유색인종'으로 번역될 뿐인데 대체 둘의 차이가 무엇인가? 이럴 때 요긴한 것이 미국 문서를 많이 학습한 미국산 인공지능이다. 챗GPT에게 물어보니 이런 답이 나왔다.

> "'colored people'이라는 용어는 (…) 역사적으로 백인이 아닌 인종적·민족적 배경의 사람들, 특히 미국의 흑인을 지칭하는 데 사용되어 왔다. 그러나 이 단어는 부정적인 의미를 내포하고 있으며 인종 차

별 및 분리와 연관되어 있다. 반면에 'people of color'라는 용어는 백인이 아닌 사람을 지칭하는 좀 더 현대적이고 존중이 담긴 표현이다. 이 용어는 흔히 미국에서 아프리카계 미국인, 히스패닉, 라티노, 아시아계, 미국 원주민, 태평양 제도인의 정체성을 지닌 사람들을 표현하는 데 쓰인다. 이 용어는 다양한 인종적, 민족적 배경을 가진 사람들이 고유한 경험과 어려움을 가지고 있음을 인정하며 (…)"

이 답을 보면 어떤 맥락의 차이인지는 알겠으나, '눈 가리고 아웅'이라는 생각도 든다. 서구인이 스스로를 '유럽계'라 하는 대신 '백인'이라는 표현을 자꾸 쓰니 비서구인은 졸지에 착색이 되는 것이다. 물론 변명거리도 있다. 'white'가 짧아서 쓰기 편하고, 또 아프리카계가 "Black is beautiful(흑인은 아름답다)" 등의 슬로건으로 스스로를 '흑인'으로 칭하며 검은색을 긍정하자는 캠페인을 벌이니 '백인'이란 말도 계속 쓰게 된다는 것이다.

'뽀샤시' 사진이 화이트워싱?

그럼에도 불구하고 '백인'과 '유색인종'은 기원이 불순하며 비과학적인 것을 과학으로 포장하는 문제가 있다. 심지어 밝은 피부를 서구인의 전유물로 만들어 한국의 전통적인 밝은 피부 선호를 인종차별주의로 둔갑시키기도 한다. 박소정 서울대 언론정보학과 BK연구교수의 《미백》에 따르면 BTS 등 K팝 아이돌의 뽀얀 피부 사진에 대해 외국 팬들이 "화이트워싱"이며 왜 백인처럼 보이려 하느냐고 비판한 일이 있었다.

그에 대해 한국 팬들은 "하얀 피부가 한국 문화에서 오랫동안 기준으로 존재해왔고 백인과 상관없다"며 "서구 시각에 입각해 다른 문화에 대한 무지함을 보인다"고 반박했다. 이것은 K팝뿐만 아니라 반사판 등을 동원해 등장인물을 '뽀샤시'하게 만드는 K드라마 및 미백 화장품이 발달한 K뷰티를 둘러싸고도 벌어지는 세계적인 논란이다.

무조건적인 밝은 피부 선호가 한국의 전통이라고 해서 비판의 여지가 없는 건 아니다. 그 기원은 햇볕에 그을리며 노동하지 않는 높은 신분에 대한 동경 및 여성은 집 안에만 머물러 있는 게 좋다는 옛 사고 등을 반영하기 때문이다. 또 박 교수의 지적대로 20세기 들어서는 서구인에 대한 선망도 작용하지 않았다고 단언하기 힘들다.

그러나 그것을 오직 백인 추종으로만 보는 것은 또 다른 "식민주의적이고 오리엔탈리즘적인 시각"이라고 박 교수는 말한다. 지금 일부 서구인조차 따라 하고 싶어 하는 K컬처 스타의 외모는 서구가 만든 인종적 분류에 속하지 않는 "혼종의, 또는 무국적성의" 외모라는 것이다. 물론 이것은 철저한 상업주의의 산물이라는 한계를 가지며, 서구 인종주의를 전복하는 수준도 아니라고 박 교수는 덧붙인다. 그럼에도 기존의 서구 인종 프레임에 미세한 균열은 내고 있다는 것이다.

K컬처가 서구 중심의 인종 프레임에 균열을 내고 있는 이참에 우리부터라도 '백인'과 '유색인종'이란 표현을 가급적 삼가는 게 맞지 않을까. '서양인', '유럽계'와 '비서구인' 등 대체할 말은 많다. '흑인'은 '아프리카계'가 적당하다. 너무 길다면 '남양인南洋人' 등의 신조어를 쓰는 것도 방법이다. 사피어 워프 가설Sapir-Whorf hypothesis처럼 언어가 사고를 결정짓기까지 하진 않더라도 어느 정도 영향을 미친다는 것을 잊지 말자.

인류는 옅든 진하든 모두 갈색 인종

끝으로, 인종주의 색깔론에서 벗어나지 못하는 이들이 봐야 할 미술작품이 있다. 2023년 부산 국제갤러리에서 개인전을 연 바 있는 한국계 미국인 작가 바이런 킴Byron Kim, 1961~의 대표작 〈제유〉(1991~)이다. 미국 국립미술관, 영국 테이트 갤러리 등 세계 주요 미술관에 소장되어 있고 광주비엔날레에서도 선보인 적이 있다. 베이지색, 복숭아색, 밤색 등의 단색 그림들이 마치 화장품 팔레트처럼 모여 있는데, 각각의 단색은 작가의 가족, 친구부터 유명 미술가, 낯선 타인까지 다양한 사람들의 피부색을 그대로 재현한 것으로 각 인물의 추상화된 초상화라고 할 수 있다.

여기에 눈 같은 흰색과 숯 같은 검은색과 귤 같은 노란색이 어디 있는지 찾아보라. 눈 씻고 찾아봐도 없을 것이다. 여기에 있는 것은 모두 갈색이다. 옅은 갈색, 진한 갈색, 핑크색 도는 갈색, 주황색 도는 갈색 등의 차이가 있을 뿐이다. 모두 갈색 계열이면서 다채로운 갈색이라서 함께 어우러져 있을 때 더욱 아름답다. 바로 이것이 인류의 초상화다. 인류는 모두 '유색인종'이다. '백인'이란 것은 존재하지 않는다.

바이런 킴, 〈제유〉, 1991년~, 나무 합판 위에 유채와 왁스, 25.4×20.32cm(합판 개당), 뉴욕현대미술관

표현의 자유 vs 정치적 올바름
선의의 표현이 정치적 올바름과 충돌할 때

"유기견을 키운다는 게 진짜 대단한 것 같아. (⋯) 전문가들은 (처음으로) 강아지를 키우고 싶은 사람들한테 유기견을 절대 추천 안 해. 왜냐면 유기견들이 한번 상처를 받았어가지고 사람한테 적응되는 데 너무 오래 걸리면, 강아지 모르는 사람이, 사람도 상처받고 강아지도 또 상처받고."

아이돌 출신 인기 연예인이 예능 프로그램에서 한 말이다. 처음에는 이게 왜 논란이 되나 싶었다. 유기견 키우는 일은 그만큼 신중함과 각오가 필요한 일이고 그래서 키우는 사람이 훌륭하다는 찬사의 말인데 무엇이 문제일까?

그러나 "유기견도 성격과 건강상태가 각기 다른데, 뭉뚱그려

키우기 어렵다는 편견을 심는 말이다", "어차피 초보에게는 어떤 반려견이든 쉽지 않은 법인데, 유명인이 '유기견을 절대 추천 안 한다'고 해서 이를 기피하게 만들면, 더 많은 유기견이 반려를 못 찾아 죽음에 처할 수 있다"라는 동물보호단체들의 반박 성명이 나오자 이 또한 일리 있는 말이라는 생각이 들었다.

만약 그 연예인이 '그 부분은 미처 생각 못했다'고 수긍하거나, '나는 여전히 초보의 유기견 입양은 신중해야 한다고 생각한다. 유기견 입양의 대안이 펫숍인 것만도 아니고 일반 가정 분양도 있다'라고 차분하게 반박하는 것으로 끝났다면, 이 논란은 건설적인 토론이 될 수도 있었을 것이다.

하지만 논란 초기에 인터넷과 소셜미디어에 여과 없이 나온 비난들에 마음이 상한 것인지, 그 연예인은 분노를 터뜨렸고 특정 인터넷 커뮤니티를 지목하며 이 모든 논란은 그곳 유저들이 삐딱한 해석을 퍼뜨렸기 때문이라고 주장했다. 동물보호단체들의 성명에 대해서는 답하지 않았다. 문제는 그가 지목한 여초 커뮤니티가 요즘 남초·여초 커뮤니티를 중심으로 격렬해지는 젠더 갈등과 얽혀 있어, 그가 의도했건 아니건 동물권 문제가 엉뚱하게 젠더 갈등 이슈로 변질될 수 있다는 것이었다.

이런 식으로, 지금 한국을 비롯해 소셜미디어를 통한 발언과 비판이 활발한 나라들에서는, 생산적인 토론이 될 수 있는 이슈가 감정 싸움이 되고 사회적 피로감이 쌓이는 일이 많다.

유기견 발언 논란처럼 선의로 한 말도 정치적 올바름의 부족으로 비난받는 일이 점점 많아지고 그와 비례해서 표현의 자유가 침해받는 것을 비판하는 목소리도 높아지고 있다. 자유민주주의의 필수 요소인 표현의 자유는 과거 공권력의 검열을 하나씩 줄여가며 발전해왔지만, 오늘날 선진국에서는 공권력의 검열 대신 소셜미디어를 통한 집단적 비난이 검열로 작동하는 현상이 늘어나고 있다. 미술계에서도 그런 일이 벌어진다.

휘트니 비엔날레의 〈열린 관〉 사건

대표적으로, 미국 베스트셀러 작가 매기 넬슨Maggie Nelson이 책 《자유에 대하여On Freedom》(2021)에서 다룬 〈열린 관Open Casket〉 그림 사건이 있다. 유대계 여성 화가가 2017년 미국 휘트니 비엔날레에 출품한 것인데, 1955년 유럽계 미국인들에게 잔혹하게 린치·살해당하고 시신이 강물에 유기된 아프리카계 미국인 청소년 에멧 틸의 시신을 반추상적으로 묘사한 그림이다.

그 당시 소년의 어머니 매미 틸은 이 만행을 널리 고발하기 위해 관 뚜껑을 열어서 아들 시신의 처참한 얼굴을 공개한 채로

장례를 치렀다. 화가는 2016년 여름 아프리카계 미국인 남성들이 잇달아 경찰의 총에 사망한 사건을 보고 에멧 틸의 비극이 아직도 계속되고 있다는 생각에서 이 그림을 그렸다고 밝혔다. 그림에는 관에 누운 에멧 틸의 뭉개진 얼굴이 거의 추상적으로 묘사되어 있다.

하지만 비엔날레 개막 날, 젊은 아프리카계 미국인 남성 미술가가 〈열린 관〉은 '흑인'의 끔찍한 죽음을 볼거리로 만들고 상처를 줄 뿐이라며 'Black Death Spectacle'이라고 쓴 셔츠를 입고 그림 앞에서 시위를 벌였다. 또 다른 아프리카계 여성 작가는 그림을 철거하고 파괴하라고 요구하며 서명 운동을 벌였다. 곧 '흑인의 비극을 이용해먹는 백인 작가와 미술관'에 대한 비난이 빗발쳤고 그에 대한 반론도 나오면서 미술관은 논란의 아수라장이 되었다.

그러자 화가는 해명했다. "비록 내가 미국에서 흑인으로 사는게 어떤 것인지 모르지만 엄마로 사는 게 어떤 것인지는 알고있다. 에멧은 매미 틸의 외동아들이었다 (…) 내가 이 이미지를 그리게 된 것은 그의 어머니에게 공감했기 때문이었다."

임근준 평론가는 그 당시 쓴 글에서 "작가는 죽은 소년의 머리 주변에 슬쩍 광배를 그려 넣었다"며 마치 피에타 상의 죽은 그리스도 같은 도상으로 미루어보건대 작가가 에멧 틸의 어머니에게 공감했다는 말은 "진실일 가능성이 높다"고 했다. 그러면서 그는 질문한다. "백인 여성 화가에게 흑인 희생자의 이야기를 다룰 권리는 없는가?"

이 질문은 2019년 미국 작가 카라 워커Kara Elizabeth Walker, 1969~가 현대자동차의 예술 후원 프로그램의 일환으로 런던 테이트 모던 미술관에 전시한 거대한 조각 분수대 〈폰스 아메리카누스Fons Americanus〉를 보면 더욱 커진다. 버킹엄 궁전 앞의 분수대를 패러디해서 인종차별의 근원이 노예무역임을 상기시키는 작품인데, 분수대의 여러 조각 군상 중에 바로 에멧 틸도 있다. 일그러진 얼굴의 그 시신은 미켈란젤로의 〈론다니니 피에타〉 같은 모습으로 물에서 끌어올려지고 있다. 아프리카계 미국인 작가가 만든 이 작품에 대해서는 아무도 '볼거리가 되는 흑인 죽음'이라는 문제를 제기하지 않았다.

그렇다면 차별 받는 약자와 관련된 문제는 오직 그 그룹에 속하는 예술가만이 제대로 다룰 수 있다는 이야기인가? 〈열린 관〉 그림은 작가가 '백인'인 것을 떠나서 인종문제에 대한 접근이 얄팍하고 그림 자체의 완성도가 떨어지는 게 문제라고 주장하는 이들도 있다. 당연히 이런 미학적 비판은 나올 수 있다. 그 비판이 옳다고 가정할 때, 그렇다면 약자의 고통을 얄팍하게, 혹은 완성도 떨어지게 다룬 작품은 전시조차 되어서도 안 될까?

데이나 셔츠, 〈열린 관〉, 2016년, 캔버스에 유채, 99×130cm, 2017년 휘트니 비엔날레에
전시된 모습, 사진_연합뉴스

'올해의 작가상'의 섹스돌 다큐 사건

관련된 미술계 사례는 우리나라에도 있었다. 국립현대미술관 '2020 올해의 작가상' 후보로 오른 4명 미술가 중 유일한 남성 후보의 다큐멘터리 영화 작품 〈내일〉이 논란이 되었다. 〈내일〉은 중국 리얼돌(섹스돌) 공장에서 여성 노동자들이 작업하는 모습, 가족과 떨어져 섹스돌 다섯과 함께 사는 중년 남성의 모습, 인공지능 로봇을 정치에 도입하자는 일본 운동가의 이야기로 구성되어 있다.

소셜미디어에서 작가의 후보 자격을 박탈하라는 분노의 해시태그 운동이 일어났다. 한 정당은 작품 철거를 요구하는 성명에서 "해당 전시가 문제 되는 것은 섹스돌 이슈를 바라보는 작가의 시선에는 비판적 관점이 결여되어 있기 때문"이라고 밝혔다. 이에 대해 작가는 인간의 신체가 상품화되는 현실, 일본에서 사용될 섹스돌이 중국에서 생산되며 거기에 여성 노동자들이 동원되는 현실, 그리고 그런 섹스돌에 정서적으로 의지하는 인간이 있는 현실 등 "자본주의와 인간의 모순"을 이야기하고 싶었다고 설명했다.

그러나 작품에서 그 주제의식은 잘 구현되지 못했다. 말 그대로 '리얼'하게 사람을 닮은 리얼돌이 무심하고 거칠게 조립되면서 마치 실제 여성 신체가 학대당하는 듯한 느낌을 주는 장면이 필요 이상 많이 나온다. 특히 여성 노동자의 손이 리얼돌의 신체 부위에 들어가는 모습이 종종 클로즈업된다. 여성 노동자가 리얼돌을 제조하는 아이러니컬한 현실을 나타내고자 한 바는 알겠으나, 문제의식보다 선정적인 충격효과만 돋보이는 장면들이었다. 여성 노동자들의 인터뷰가 나오긴 하지만 이들이 리얼돌 제조 노동에 대해 어떻게 생각하는지 깊이 있게 나오지 않는다.

그런 점에서 이 작품에 대한 비판은 충분히 납득이 간다. 그러나 전시 철회까지 간다면, 그것은 표현의 자유에 대한 새로운 검열이 아닐까? 다행인지 불행인지, 코로나19 팬데믹 사태로 미술관이 휴관을 하는 바람에 이 논란은 더 발전하지 않고 흐지부지 끝났다. '2020 올해의 작가상'은 다른 작가에게 돌아갔다.

이러한 논란은 앞으로 더욱 증가할 것이다. 인터넷과 소셜미디어를 통해 개개인의 발언과 예술작품이 더 광범위하게 노출되고 그것에 대한 비평이 더 활발해지고 있다. 그와 함께 일상에서의 차별과 소수자에 대한 문제의식도 강해지면서, 표현의 자유와 정치적 올바름이 충돌하는 것은 피할 수 없는 현상이다. 문제는 어떻게 하면 이것이 진영 싸움과 증오의 정치로 이어지는 대신 건강한 토론으로 이어지는가이다.

한 가지 제안하고 싶은 것은 어떤 발언이나 예술작품을 비평할 때, 그 화사나 작가가 누구인가, 어떤 젠더·인종·정치성향

등의 정체성을 가지는가에 집중하지 말고 그 발언과 예술작품 자체에 집중하라는 것, 즉 메신저보다 메시지를 보라는 것이다. 물론 화자나 작가의 정체성을 아는 것은 그 발언과 작품의 해석에 도움이 된다. 하지만 요즘은 주객이 전도되어 그 메신저의 정체성에만 집중하고 인신공격까지 하면서 편 가르기와 혐오의 재생산으로 이어지고 있다.

또 한 가지 제안은, 범죄를 옹호하는 등의 선 넘은 발언이나 작품이 아니라면, 철회나 사과까지 요구하지 말라는 것이다. 선의의 발언이나 작품이 정치적 올바름을 해쳤을 때는 그냥 비판만 하면 된다. 그러면 작가는 그것을 다음 발언과 작품에서 적게든 많게든 반영하게 되어 있다. 이것이 정치적 올바름이 표현의 자유와 공존하며 담론이 풍성해지는 길이다.

K팬덤
K팝 팬덤이 팬덤정치에 주는 교훈

"전 세계에 K팝을 대중화하고 퍼뜨리는 데에 K팝 팬덤이 극도로 중요한 역할을 하고 있기에 이 섹션에서는 그 팬덤 또한 탐구합니다."

세계적인 공예·디자인 박물관인 런던의 빅토리아앤드앨버트 뮤지엄의 2022년 〈한류! 더 코리안 웨이브〉 전시에서 K팝을 다루는 제3섹션을 소개하는 글이다. 그 소개에 걸맞게 이 섹션은 벽을 뒤덮은 형형색색의 응원봉들로 시작한다. 패션지 〈보그〉 영국판은 전시 리뷰에서 "K팝 팬들에게 있어서 각 아이돌 그룹과 연관된 색깔로 빛을 내는 응원봉lightstick은 라이브 콘서트 중에 그룹과 상호작용하는 방법"이라고 설명했다.

각양각색의 응원봉은 영국인뿐만 아니라 한국인 중에 아이돌 '덕질'(마니아를 뜻하는 '오타쿠'의 한국식 변형 '덕후'와 '질'의 합성어. 무언가에 심취해 열성적으로 파고드는 행위)을 해본 적이 없는 사람들에게도 신기한 광경이다. 저렇게 각 그룹의 팬덤별로 차별화된 디자인의 응원봉이 있다니! 마치 각 그룹과 그 팬덤을 하나의 정체성으로 묶은 공동체의 엠블럼 같지 않은가.

실제로 대표적인 K팝 그룹 BTS는 그 팬덤 아미와 분리되지 않는 존재라는 점을 강조해왔고, BTS의 2019년 런던 웸블리 공연 때 영국 BBC 다큐멘터리에 나온 유럽 아미들은 BTS 팬덤이 따뜻한 공동체에 소속되는 느낌을 주기 때문에 좋다고 했다. 그런 면에서 응원봉으로 시작하는 V&A '한류!' 전시의 K팝 섹션은 예리했다고 할 수 있다. 이 전시는 영국의 주요 신문인 〈데일리 텔레그래프〉, 〈가디언〉 등의 리뷰에서 별 4~5개(5개 만점)에 이르는 호평을 받았다.

신도보다 부모 같은 아이돌 팬덤

국내 평론가들 역시 K팝이 기존 대중음악과 차별화되는 결정적인 요소가 팬덤이라고 분석한다. K팝 팬들은 처음에는 음악 때문에 어느 그룹에 입문하더라도 나중에는 음악보다 그 그룹의 캐릭터, "더 정확하게는 한 그룹 내에서도 어떤 멤버 개인을 좋아한다"(평론가 김작가). 그리고 그런 멤버와 그룹에게 세계에서 유례가 없는 자발적인 헌신을 보인다.

때때로 그 헌신은 종교적으로 보이기도 한다. 지하철역의 거대 전광판들에 다양한 아이돌 멤버의 얼굴이 떠 있고 얼굴 밑에 "OO야 태어나줘서 고마워" 등의 문구가 있는 걸 보면(이들은 팬들의 '조공'으로 만들어진 생일 축하 광고다) 마치 판테온(만신전)에 들어와 있는 듯한 기분이다.

또 하나의 한국 특유의 팬덤 문화중에 생일 카페가 있는데, 아이돌 멤버의 생일에 팬들끼리 카페를 빌려 '아이돌 없는 아이돌 생일 파티'를 즐기는 것이다. 팬들은 카페를 아이돌 테마로 장식하고 아이돌 얼굴 사진을 넣어 만든 부채나 카드 등의 굿즈를 교환한다. 이건 마치 크리스마스나 석가탄신일에 신도들끼리 축제를 즐기는 것과 같지 않은가?

하지만 신의 뜻에 순종하며 신에게 소원을 비는 신도들과 달리, K팝 팬들은 아이돌이 자신의 이상에 맞게 행동하며 승승장구하기를 기원하며, 직접 지원하고 간섭한다. "한국 팬들이 자신이 좋아하는 아티스트를 대하는 방식은 부모가 자녀를 부모 자신과 동일시하면서 최고가 되기를 바라는 것과 닮았다. 팬들은 돈을 지불해서 자신이 좋아하는 스타의 앨범을 사고 시간을 들여 음원 스트리밍을 해서 그 스타의 음원을 음악 차트 상위에 올린다. 스타에 자신을 투영하기 때문에 바라는 결과가 나오지 않으면 일종의 패배감까지 느낀다."(평론가 서정민갑)

여기서 발생하는 심각한 문제는 평론가의 말대로 팬들이 "음악을 음악으로 즐기지 않고 1등을 해야만 의미 있다고 느끼는" 것이다. 음악에 대한 팬들의 진지한 비평이 없으면 장기적으로 K팝의 음악적 퀄리티는 떨어질 수밖에 없다.

물론 K팝 팬덤의 장점도 있다. 아이돌 그룹과 팬이 서로에게 위로와 격려가 되며 동반성장하는 것(대표적인 예가 옆집 소년들 같던 존재에서 월드 스타로 성장한 BTS와 초국가적 네트워크가 된 아미), 아이돌의 이미지를 위해 팬덤의 이름으로 기부·봉사활동 등을 하면서 사회적 의식에 눈 뜨는 것, 오마주 영상이나 굿즈 등의 2차 창작을 하면서 창의력을 키우고 삶의 동력을 얻는 것, 공동체의 따뜻함을 느끼는 것 등이 있다.

하지만 앞서 언급한 대로 음악보다 아이돌 멤버에 대한 애정에 집중해서 음악의 발전을 저해하는 문제, 그리고 내 아이돌을 지켜야 한다는 맹목적인 지지와 내 아이돌이 1등이어야 한다는 경쟁심에서 싸움을 마다하지 않고 이른바 '정치질'을 해서 타 팬덤이나 팬덤 바깥의 사람들에게 민폐를 끼치는 문제 등이 K팝 팬덤의 어두운 면이다.

'팬질이 곧 정치질'에서 '정치질이 곧 팬질'로

K팝 팬덤을 가장 일찍 본격적으로 다룬 책 중 하나인《팬덤이거나 빠순이거나》(2013)에서 저자인 음악평론가 이민희는 팬들이 "나의 아이돌을 우습게 여기는 수많은 적들과 싸워야 하고 이겨야 한다"는 전투적 심리를 갖고 있다고 했다.

때때로 나의 가수가 위기에 몰리면 팬페이지나 팬카페의 마스터는 대중의 오해를 덮을 만한 내용을 정리해 다른 사이트에 퍼가라는 행동요령을 전하기도 한다. 반대로 경쟁 가수에 대한 불리한 정보를 확산할 수도 있다. (…) 팬덤은 나의 가수를 사랑하는 한편 남들의 가수를 미워해본 경험이 있기에 정치를 안다. 여론을 혹은 세상을 어떻게 설득해야 하는지 안다. 분란을 예측하고 만드는 방법을 안다. 그래서 '팬질은 곧 정치질'이라는 평판도 따른다.

그런데 이것은 지금 팬덤정치의 추종자들이 뉴스 댓글판, 인터넷 커뮤니티, 소셜미디어 등을 통해 벌이는 일 아닌가? 흥미롭게도 저 책이 나오고 10년 넘는 세월이 흐르는 동안, K팝 팬들의 과격한 '정치질'은 순화된 반면, 진짜 정치판의 '정치질'은 과격한 '팬질'이 되었다는 것이다.

평론가 김작가에 따르면 1세대 K팝 팬들이 매우 "폭력적"이었던 반면에 "이제는 이런 과격한 행태는 거의 볼 수 없다. 오히려 자신이 좋아하는 스타의 이미지를 위해서 팬인 자신도 좋은 행동을 해야 한다고 생각한다."

아이돌 팬덤의 전투적 성향과 '정치질'이 감소한 또 하나의 이유는 수많은 아이돌 그룹이 출현한 한편, 평론가 정민재의 말대로 "대중의 취향이 극도로 개인화되고 파편화"되었기 때문이다. 더 이상 어느 아이돌이 어느 아이돌의 라이벌 혹은 '주적'이라 하기가 어렵고, 한 아이돌의 팬덤이 전반적인 대중의 취향을 좌지우지할 수 없는 춘추전국시대다. 그래서 1세대 아이돌 H.O.T.와 젝스키스 팬덤 사이에 있었던 무시무시한 격돌은 더 이상 볼 수 없는 것이다.

게다가 지금 아이돌 팬덤을 주도하는 1020세대는 정치사회적 이슈에 민감하기 때문에 자신이 좋아하는 아이돌이 문제 있는 언행을 했을 때 결코 무조건 감싸고 돌지 않는다. 이러한 팬덤의 진화는 여러 영화제에서 호평을 받은 다큐멘터리 영화 〈성덕〉(2022)에서도 볼 수 있다.

젊은 감독 오세연은 지금은 범죄자로 몰락한 어느 스타의 열혈 팬이었다. 스타를 직접 만나고 그가 자신을 기억해주기도 하는 '성덕'(성공한 '덕후'의 준말)이었다. 그는 스타의 범죄 사실이 밝혀진 후 혼란에 빠진다. '덕질'에 얽힌 좋은 추억을 잃게 된 피해자로서의 분노와 '그런 사람인 줄도 모르고 사랑한 탓에' 그의 범죄를 간접적으로 방치·조장한 게 아닌가 하는 가해자로서의 죄책감이 뒤섞인 상태가 된 것이다. 그는 그러한 상태를 영화에 솔직히 드러낸다. 영화에서 가장 빛나는 장면은 스타의 범죄 사건이 처음 보도됐을 때 믿지 않으며 기자에게 비난을 퍼부었던 감독이 해당 기자를 찾아가 사과하고 서로 위로하는 장면이다.

한편 감독은 여전히 범죄자 '오빠'들을 두둔하며 팬으로 남아 있는 이들도 있음을 언급하며 그들의 심리를 알기 위해 몰락한 정치인의 팬들을 만난다. 비록 한쪽 진영의 정치인에 그친 점이 아쉬웠으나, 연예인 팬덤과 정치 팬덤의 연결 고리를 찾으려는 시도는 팬덤정치의 시대에 시사하는 바가 컸다.

팬덤정치의 폐해는 K팝 팬덤의 어두운 면과도 일치한다. K팝 팬덤이 음악보다 아이돌 멤버에 대한 애정에 집중해서 음악의 발전을 저해하는 것처럼 팬덤정치는 정책보다 정치인 개인에 대한 애정에 집중해서 극단주의와 포퓰리즘을 낳고 민주주의 발전을 저해한다. 그러나 인터넷과 소셜미디어의 발달을 바탕으로 하는 팬덤정치의 확산을 막을 방법은 좀처럼 없어 보인다.

팬덤정치를 막을 수 없다면 차라리 K팝 팬덤의 긍정적 진화를 닮을 방법을 생각해보자. 아이돌 그룹의 양적 증가와 다변화가 팬덤 간의 폭력적인 격돌을 줄어들게 한 것처럼, 중도과 정치인들을 비롯한 여러 정치인에 대한 팬덤이 활성화되면 팬덤정치의 극단주의가 줄어들지도 모른다. 그러기 위해서는 이성적인 정치인들이 포퓰리즘과 반지성주의에 대한 분노로 뭉친 이성적인 팬덤을 만들 방법을 궁리해야 한다. 또한 K팝 팬들의 반성과 성찰이 늘어난 것처럼 정치 팬들 스스로 성숙하고자 노력하는 자세가 필요할 것이다.

팩폭 조언

'서장훈식 위로', 왜 떴을까

"경제는 모르지만 돈은 많고 싶어!" 어이없는 곳에 투자하다 돈을 날리는 사람을 풍자하는 말인가 싶었는데, 모 주요 정당이 2024년 총선을 앞두고 2030세대를 대상으로 내놓은 현수막 문구라는 소리를 듣고 그저 황당했다. 그런데 문장 구조가 어딘가 익숙하다. 2018년 출간되어 50만 부 넘게 팔린 베스트셀러 에세이 《죽고 싶지만 떡볶이는 먹고 싶어》에서 따온 것으로 추정된다.

책의 저자인 1990년생 백세희 작가는 자신이 겪는 기분부전 장애(우울증보다 경미하지만 더 만성적인 우울 질환)를 솔직히 토로해 많은 청년의 공감을 받았다. 내용뿐만 아니라 역설적인 제목의 매력이 책의 인기에 한몫했다. 그래서 이후로 "…지만 …고 싶어"식의 제목을 단 책이 잇따라 나왔다. 2022년 출간돼 인기를 끈 자기계발서 《꿈은 모르겠고 돈이나 잘 벌고 싶어》도 비슷한 제목 구조를 따르고 있다. 문제의 정당이 내세운 또 다른 현수막 문구 "정치는 모르겠고, 나는 잘 살고 싶어"는 이 책 제목을 차용한 것으로 보인다.

이 책들은 청년의 공감을 얻었는데, 문제의 현수막은 왜 당 안팎의 비난을 받으며 결국 사과와 철회로 끝났을까? 《죽고 싶지만…》은 만성적인 우울함에 시달리면서도 순간순간 "떡볶이"로 대표되는 소소한 행복과 욕망을 버리지 못하는 청년의 복합적인 심리를 풀어낸다. 당사자의 경험이라 힘이 있는 데다가 기성세대도 공감할 수 있는 심리다. 《꿈은 모르겠고…》는 "꿈"이 대변하는 거대 이상이나 사회적 지위 대신 '고시원 생활 탈출'이라는 경제적 목표를 여러 개의 부업을 통해 달성하는 청년의 경험담이다. 한마디로 이 책들은 청년의 욕망을 솔직하게 드러내서 카타르시스를 주면서 그 욕망에 대해 어떤 답을 제시한다. 그런데 문제의 정당 현수막은 청년을 욕망에만 솔직하면서 욕망실현 대책은 없는 이른바 '노답'인 사람들로 타자화하고 있다.

'괜찮아' 위로의 유행

문제의 정당은 이 현수막이 '청년 비하'가 아니라 '솔직해도 괜찮아' 식의 청년 응원이라고 생각했을지 모른다. "…해도 괜찮아", "…여도 괜찮아"도 2010년대에 들어서며 책 제목으로 유행해온 문구다. "괜찮아" 하는 위로는 2010년대 중반쯤 절정의 호응을 얻은 '김제동식 위로'로 요약된다. 방송인 김제동이 2018년 JTBC 토크쇼 〈톡투유〉에서 한 말이 특히 유명하다. 그는 '주변에서 취업 압박이 들어오지만 뭘 해야 할지 몰라 괴롭다'는 청중에게 이렇게 말했다.

"아무것도 안 하면 사람이 아무 쓸모가 없는 사람입니까? (…) 병원에 실려 가서 아픈 사람들은 다 아무 쓸모가 없는 사람입니까? 비약이 심할지 모르겠지만 제가 열받아서 그래요. 저렇게 있으면 되지. 그렇게 있으면 돼. 괜찮아. (…) 뭘 하려면, 뭘 할 수 있는 시간을 주든가. 젊은 친구들한테 왜 취직 안 하냐고 묻지 마세요. 그러려면 자기들이 즉각 즉각 취직이 잘 되는 사회를 만들어놓든가."

흥미로운 것은 최근 '김제동식 위로'보다 '서장훈식 위로'가 뜨고 있다는 점이다. 2021년 8월에 유튜브에 올라 800만에 달하는 조회 수를 기록한 쇼츠 영상 '김제동식 위로 vs 서장훈식 위로'가 있는데, 댓글을 보면 '서장훈식 위로'를 지지하는 댓글이 훨씬 많다. 영상은 김제동의 앞서 발언과 스타 농구선수 출신 방송인 서장훈의 2016년 '청춘페스티벌' 강연 발언을 비교했다. 서장훈은 이렇게 말한다.

"기성세대가 청춘, 젊은 분들한테 그냥 점수 따고 좋은 얘기하려고 여러분들이 하고 싶은 거 즐기면 다 된다? (…) 즐겨서 뭘 이루어낼 수 있는 건 저는 단연코 없다고 생각합니다. 그렇기 때문에 냉정하라고 말씀드리는 거고, 여러분들을 응원한다? 물론 응원합니다. 당연히 응원하죠. 그런데 무책임하게 뭐 노력하는 자가 즐기는 자를 못 따라간다? 완전 뻥이에요."

강연 영상을 더 보면 그는 자신이 정말 좋아서 하는 농구인데도 최고가 되기 위해 노력하는 과정이 너무나 힘들었다면서 "내 꿈을 어느 정도 이뤄보겠다"는 생각이 있다면 "즐겨서 되는 거 없습니다"라고 잘라 말한다. 즉 고통스러운 노력을 해야 한다는 것이다.

김제동식 위로 vs 서장훈식 위로

김제동식 위로는 사회주의적·공동체주의적 위로다. 개인이 처한 어려움에 대해 일단 공감이라는 감정적 유대로 위로하고 원인을 사회구조에서 찾는다. 서장훈식 위로는 자유주의적·개인주의적 위로다. 개인의 어려움을 스스로 해결하도록 현실적·이성적 조언을 준다. 실제로 개인의 문제는 순전히 개인 탓도 아니고, 반대로 순전히 사회 탓도 아니며, 우리 사회의 시스템 또한 자유주의 기반에 사회주의가 절충된 형태이기 때문에 2가지 위로가 모두 필요하다.

다만 트렌드 변화는 눈여겨볼 만하다. 예전에 김제동식 위로가 인기 있었던 것은 기성세대가 개인의 '노오력'과 '하면 된다'를 윽박지르고 획일화한 '성공'과 '행복'의 기준을 청년들에게 강압한 것에 대한 반발이었다. 반대로 요즘 서장훈식 위로가 뜬 이유는 기성세대가 '…해도 괜찮아'라고 달콤하게 달래주거나 '태산이 높다 하되 안 오르면 그만이다'라는 식의 냉소주의만 퍼뜨릴 뿐 별 실질적인 해결책을 주지 않은 것에 대한 반작용이다.

서장훈이 출연하는 KBS Joy 상담 예능 프로그램 〈무엇이든 물어보살〉이 꾸준히 인기를 얻고 있는 것도 그런 이유에서다. 그는 허황된 계획이나 욕망을 지닌 상담자들에게 사정없이 '팩폭(팩트폭력)'을 날리지만 "깊이 생각해서 뭐라도 더 도움을 주려는 게 느껴진다"는 시청자들의 찬사대로 현실적인 조언을 준다. 다시 말하지만 이것만이 정답이라는 것은 아니다. 트렌드는 계속 변한다.

현수막 논란을 일으킨 정당의 성향에는 김제동식 위로가 어울릴 것이다. 하지만 문제의 현수막에는 그런 위로와 비전이 있는 게 아니라 어설픈 MZ세대 흉내 내기만 있을 뿐이다. 사회주의적 위로나 비전을 제시하려면 '경제는 모르지만, 돈 걱정은 안 하고 싶어', '정치를 잘 몰라도 모두 함께 잘살고 싶어'여야 했다. 반대로 자유주의 비전을 제시하려면 '경제는 모르지만, 일하는 만큼 벌고 싶어', '경제를 더 알아서 돈이 더 많고 싶어', '정치는 잘 몰라도 안전하게 살고 싶어'여야 한다.

개인적 성공을 위한 경제 공부도 안 하고 공동체를 위한 정치 참여도 안 하면서 그저 '나는 잘살고 싶다'는 건 청년세대의 특징이 아니라 세대를 초월해 '의무는 모르겠고 권리는 누리고 싶어'라고 징징거리는 사람들의 특징이다. 그런 이들에게 영합하는 것은 '나라가 망하는 건 모르겠고, 표는 많이 얻고 싶어'의 포퓰리즘일 뿐이다. 야당, 여당 할 것 없이 모두 명심해야 할 점이다.

7장

포스트 코로나와
인공지능

3년간 전 세계를 휩쓴 코로나19는 많은 것을 바꾸어놓았다. 한국도 예외가 아니다. 정확히는, 팬데믹으로 인해 완전히 새로운 변화가 나타났다기보다, 그간 서서히 바뀌고 있던 것들이 급격히 가속화되었다. 문화계의 경우, 그 여파로 일어난 일이 데이트와 여가 장소로 영화관이 지고 미술관이 뜬 일이다. OTT의 부상과 함께 사람들이 영상의 속도를 스스로 조절해가며 보는 것에 익숙해진 게 한 원인이다. 그런 가운데 〈탑건: 매버릭〉 같은 아날로그 향수로 가득한 영화가 예외적으로 큰 성공을 거두기도 하고, 동시에 가상인간만 나오는 100% CGI 애니메이션 〈러브, 데스+로봇〉 시리즈가 넷플릭스에서 큰 사랑을 받기도 한다.

이 영화와 시리즈의 공통점은 인공지능AI이 화두라는 것이다. 특히 2022년 말 출시된 생성형 인공지능 챗봇 '챗GPT'는 인공지능을 보편적인 화제로 만들었다. SF 영화에서처럼 인공지능이 인간보다 탁월한 능력으로 인류 전체를 위협하는 것은 가까운 미래의 일은 아닐지도 모른다. 그러나 인공지능을 활용할 수 있는 인간과 그렇지 않은 인간 사이의 양극화 문제는 바로 눈앞에 닥친 문제다. 각계의 전문가들이 한 목소리로 우려 섞인 예고를 하는 것이 바로 양극화다. 인공지능과의 경쟁에서 비교적 안전할 것 같은 문화예술계도 예외가 아니다. 인공지능은 반 고흐와 피카소 같은 예술가가 되거나 대체하지는 못하지만 그런 예술가들이 성장하는 것을 방해할 수도 있다. 이 장에서는 그런 이야기를 다룰 것이다.

영화관보다 미술관?
미술관이 데이트 '핫플'로 뜬 이유

"국립현대미술관 서울관에 젊은 커플이 많아서 놀랐어요."

영국에서 주로 활동하다가 최근 10년 만에 한국에 정착한 한 미술가가 말했다. 유럽 미술관과 비교해 한국 미술관에 젊은 관람객과 데이트 커플이 많은 것은 국내 미술계 사람들은 물론이고 프리즈 서울 아트페어 기간 방한한 해외 미술계 전문가들까지 입을 모아 말하는 사실이다.

"요즘엔 대안공간에까지 데이트하는 커플이 많더라니까요. 작품보다는 주로 사진을 이런 저런 포즈로 찍는 데 열중하는 것 같지만요." 어느 큐레이터의 말이다. 그는 곧 덧붙였다. "그래도 관심을 가져주니 고맙죠. 한국 미술 공간들이 언제 이렇게 관심을 받았던가요. 이런 게 결국 언젠가는 미술에 대한 진지한 관심으로 이어지겠지요."

대안공간은 미술관과 상업 갤러리보다 더 실험적인 전시를 하는 곳인데, 이런 곳까지 최근엔 데이트 장소로 떠오른다는 얘기다. 이렇게 미술 공간에 커플이 늘어나면 대신 줄어드는 곳도 있기 마련. 바로 전통의 데이트 코스였던 영화관이다. 영화진흥위원회에 따르면 2023년 영화관을 찾은 누적 관객 수는 약 1억 2,500만 명으로 코로나19 이전인 2019년 2억 2,600만 명의 절반 수준에 지나지 않는다. 팬데믹 기간이 끝난 후에도 영화관 관람이 크게 회복되지 못한 것이다.

한편 2023년 말 인스타그램에서 '미술관데이트'로 해시태그된 포스트는 7만 4,000여 건에 달했다. '영화관데이트'로 해시태그된 10만 1,000여 건보다 적지만, 미술과 영화의 대중성 차이를 고려하면 미술관의 약진이 두드러진다.

팬데믹 중에 바뀐 문화 향유 트렌드

어쩌다 이런 변화가 일어났을까? 첫째는 경제적인 이유다. 코로나19 기간 관객 수 급감을 메우기 위해 영화관들은 티켓값을

평균 1만 1,000원에서 1만 5,000원대로 올렸다. 하지만 사람들은 팬데믹 기간 동안 집콕하며 OTT(스트리밍 서비스)로 영화를 보는 것에 익숙해졌다. 영화관 나들이의 '가격 대비 만족'에 민감해지고 선택에 신중해졌다.

반면 미술관은 입장료가 저렴한 편이다. 블록버스터 특별기획전은 영화보다 비싼 경우도 있지만, 상설전은 무료거나 몇천 원 수준이다. 또한 상업 화랑은 대개 입장료가 없다. 특히 2021년 고故 이건희 회장 미술 컬렉션의 국가 기증 이후 국공립 미술관의 '이건희 컬렉션' 전시에 관람객이 몰리고, 이들이 '수준 높은 미술작품을 무료로 보았다'고 만족해하면서 많은 사람이 전시장에 눈을 돌리기 시작했다.

둘째, 인스타그램 등 소셜미디어에 일상 사진을 올리는 것을 즐기는 젊은 세대의 문화 때문이다. 영화 상영 중엔 사진을 찍을 수 없고, 대부분 영화 포스터나 홍보 설치물을 배경 사진에 만족해야 했다. 이른바 '폼 나는' 사진을 찍기 어렵다. 반면 미술관과 화랑은 사진 촬영에 안성맞춤이다. 미술작품과 전시공간이 멋진 그림을 만드는 데 한몫 거든다. 한마디로 '뭔가 있어 보인다.'

이렇듯 전시장을 '허세의 예쁜 배경'으로 삼는 것에 10여 년 전에는 국내외 미술관 대부분이 비판적이었고 사진 촬영을 금지하기도 했다. 하지만 소셜미디어 덕분에 미술관 관람객이 늘고 연령층이 젊어지고 그것이 미술에 대한 진지한 관심으로 이어지기도 하는 순기능을 발견한 후, 이제는 미술관들이 앞장서서 인스타그램 사진 이벤트까지 열고 있는 상황이다.

셋째, 유튜브와 넷플릭스의 영향도 크다. 작품 하나에 집중하는 시간이 짧아졌고, 또 감상자 자신도 속도를 조절하며 즐기는 것을 선호한다. 영화관에서는 진행 속도가 느려도 1.5배속으로 돌리거나 건너뛸 수 없으며, 반대로 속도가 너무 빨라서 놓치는 부분이 있어도 다시 돌려서 볼 수 없다. 반면에 미술관에서는 한 작품을 5초 보고 지나갈 수도 있고, 한나절 물끄러미 바라보고 있을 수도 있다.

미술관과 영화관이 모두 살려면

이런 트렌드를 반영하며 미술전시장은 영화관을 제치고 '데이트 핫플'로 떠오르고 있다. 그러나 현대미술은 그 전위적인 성격 때문에 대중과 어느 정도 심리적 거리가 있기 마련이고, 그 거리가 좁혀지지 않은 채 관람객만 늘면 자칫 인스타그램 사진의 멋진 배경만 되어버리기 십상이다. 미술계에서 급증한 대중의 관심을 반기면서도 고민이 많은 것은 이 때문이다. 미술관에 전위성이 강한 미술과 대중성이 강한 미술이 조화롭게 공존하도록 하는 것이 한 해결방안이 아닐까 싶다.

한편 영화관은 어떻게 살아남아야 할까? 정덕현 문화평론가는 "이제 사람들은 뭔가 색다른 체험이 아니면 굳이 극장에 갈 필요가 없다고 생각한다"며 영화관은 그 수요에 맞추어 "테마파크화되어가는 과정"이라고 진단한 바 있다. 과연 영화 불황 속에서도 2023년 아이맥스, 4DX(오감 체험), 스크린X(스크린을 3면으로 확장) 등 특수상영관 전체 매출 비중은 8.3%로 2019년 영화 매출이 피크를 이루던 시기의 4.6%보다 더 증가했다.

또한 OTT가 대체할 수 없는 영화관의 맛은 취향이 같은 사람들이 한데 모여 공감의 즐거움을 누리는 것이다. 따라서 영화관은 다양한 팬덤과 '덕후'들의 모임 장소가 됨으로써 지속적인 생명력을 누릴 수 있다. 전설의 일본 만화를 바탕으로 한 극장판 애니메이션 〈더 퍼스트 슬램덩크〉가 500만 명에 가까운 관객을 모으고, 인기 가수들의 공연 실황 영화들이 조용히 수십만 관객을 모으는 것이 그 예다. 그래서 이미 멀티플렉스 기업들은 공연 영상 제작 사업을 확대해가고 있다. 예술영화 전용관도 여기에 해당한다. 예술적으로 분위기 있는 공간과 풍부한 토크 프로그램을 제공함으로써 예술영화 덕후들의 아지트로 살아남을 수 있을 것이다.

데이트 코스로 미술관이 뜨고 영화관이 뜨는 현상은 그간 서서히 바뀌고 있던 문화 소비의 양상을 팬데믹이 급격히 가속화시키면서 일어난 현상이다. 관계자들의 지혜가 모인다면 오히려 문화계는 더 다양해지고 풍요로워질 수 있을 것이다.

〈탑건: 매버릭〉과 〈러브, 데스+로봇〉

아날로그와 디지털 사이

국내에서만 800만 명이 넘는 관객을 모은 영화 〈탑건: 매버릭〉(2022)에는 '뮤지엄 피스museum piece'라는 대사가 반복적으로 나온다. 말 그대로 '박물관 소장품'인데, 2가지 상반된 의미를 지닌다. 박물관에 모실 만한 귀하고 역사적인 것, 그리고 박물관으로나 갈 구시대의 퇴물.

일상에서는 후자의 의미로 많이 쓰이고 영화에서도 1차적으로는 그렇다. 작전 중에 적국에 불시착한 주인공 매버릭(톰 크루즈)이 구형 F-14 전투기를 탈취해 복귀하려고 하자 젊은 후배 루스터(마일스 텔러)가 "저 뮤지엄 피스를?" 하며 경악한다. 실제로 촬영에 쓰인 F-14가 미국 샌디에이고 항공우주박물관 소장품, 즉 진짜 뮤지엄 피스라는 사실을 알면 한층 재미있는 장면이다. 사실 비행은 불가능해서 공중전 장면은 신형 전투기를 대체 사용했다고 한다. 여하튼 영화에서는 이 뮤지엄 피스가 적국의 첨단 5세대 전투기들을 상대로 눈부신 활약을 펼친다. 고물이란 의미의 뮤지엄 피스가 역사적 유산이라는 의미의 뮤지엄 피스로 거듭나는 순간이다.

기계의 한계를 초월해 이런 기적을 가능케 하는 것은 바로 조종사 즉 인간이라고, 아무리 드론의 시대가 와도 아직은 파일럿이 중요하다고, 극 중에서 매버릭은 말한다. 매버릭 자신이, 그리고 그를 연기한 톰 크루즈 자체가, 바로 그렇게 중의적 의미의 뮤지엄 피스로의 길을 걷는다. 이 영화가 관객들을 울컥하게 만드는 포인트 중 하나일 것이다.

아날로그의 가치를 말하는 〈탑건: 매버릭〉

〈탑건: 매버릭〉은 거대한 노스탤지어의 영화다. 〈탑건〉 1편 (1986)에 향수를 품은 사람들은 물론이고, 심지어 1편을 모르거나 '냉전시대 전형적인 할리우드 영화'라고 싫어하는 사람들조차 속편 〈매버릭〉에는 열광한다. 해외 리뷰 사이트 IMDb와 로

튼토마토 평점도 1편보다 속편이 훨씬 높은 기현상이 벌어졌다. CGI computer-generated imagery(컴퓨터로 창출한 디지털 이미지)로 점철된 영화들과 가상 인간 인플루엔서들의 시대에, 〈탑건: 매버릭〉은 물질적 현존성을 지닌 기계의 미학과 인간 배우의 매력으로 강렬한 향수를 불러일으키기 때문이다.

널리 알려진 대로 이 영화는 되도록 실사로 촬영했고 배우들이 몇 달간 혹독한 훈련을 받은 후 실제 파일럿들이 조종하는 전투기 뒷좌석에 탑승해 중력가속도를 견뎌내며 연기했다. 묵직한 물질성을 지니면서 미끈한 형태를 갖춘 전투기들이 폭발적인 속도로 곡예하듯 나는 장면을 보면, 왜 20세기 초 미래주의 예술가들이 "속도의 아름다움"을 찬양하며 "굉음을 내며 질주하는 자동차가 니케 여신상보다 아름답다"고 했는지 이해가 간다. 미래주의 예술가들은 속도와 힘의 미학에 매료된 나머지 전쟁 찬양과 파시즘 옹호로 빠졌던 반면, 이 영화는 전투기가 중심이 되는데도 그것을 영리하게 피해 나간다.

영화·영상미학 전문가인 정혜진 경희대 교수는 〈탑건: 매버릭〉의 성공에 대해 이렇게 평했다. "군국주의·국가주의 등의 이념을 떠나서 나이 지긋한 남자가 인생의 후회를 만회하며 젊은 세대에 횃불을 넘겨주는 스토리가 많은 이의 공감을 자아냈다. 할리우드 클리셰 cliche(상투적 요소)가 가득하지만 그것을 우스꽝스럽지 않고 당당하게 보여준 것이 노스탤지어를 자극했다. 디지털 시대에 아날로그 이미지를 최대한 살린 것도 역시 향수를 불러일으켰다."

〈탑건: 매버릭〉의 이러한 미덕 때문에 나는 영화를 본 후 한동안 아날로그의 향수에 취해 있었다. 그런데 아이러니컬하게도 얼마 후 100% CGI로 이루어진 한 편의 영화를 보고 같은 강도의 충격을 받았다. 넷플릭스의 오리지널 단편 애니메이션 시리즈 〈러브, 데스+로봇〉 시즌3에서 가장 화제가 된 작품인 〈히바로〉를 보고서 말이다. 아카데미상과 에미상을 수상한 바 있는 스페인 감독·애니메이터 알베르토 미엘고Alberto Mielgo, 1979~의 작품이다.

100% CGI지만 인간 댄서가 활약한 〈히바로〉

'실사를 섞은 것이 아닌가?'라는 질문이 국내외 인터넷 여기저기에 올라올 정도로 이 단편 애니는 숲과 호수의 질감 및 빛의 움직임이 사실적이고, 인물들의 동작과 표정이 자연스럽다. 한편 이야기와 캐릭터 자체가 환상적이고 그로테스크하게 설정되어 있어서 실사에 근접한 가상인물에게서 느껴지는 '불쾌한 골짜기uncanny valley'가 느껴지지 않는다.

호수의 정령이 추는 춤과 그녀에게 홀린 기사들이 춤추며 물로 뛰어드는 동작이 실제 현대무용 공연을 보는 것처럼 자연스럽고 아름다우며 실감난다. 놀랍게도 모션 캡처 기법motion capture(움직임을 몸에 부착한 센서 등을 이용해 디지털 형태로 생성하는 방법)조차 사용하지 않았으며, 다만 현대무용가들의 움직임을 다각도에서 촬영한 후 그것을 바탕으로 구현했다고 한다. 한편, 캐릭터 디자인에는 게임계에서 유명한 한국의 3D 캐릭터 모델러 양승남이 참여해 화제가 되었다.

〈탑건: 매버릭〉과 〈히바로〉는 대척점에 선 영화들이 공존하며 감동을 줄 수 있는 현대의 복합적인 영화 환경을 대변한다. 아날로그와 극장은 퇴물이 된 줄 알았던 시대에 그 2가지의 미학을 극대화한 영화가 큰 성공을 거두고 있는 한편, 예전에는 구현하기도 어려웠고 미술관이나 영화제가 아니면 상영할 곳을 찾기도 어려웠을 실험적이고 전위적인 100% CGI 애니메이션이 OTT라는 새로운 플랫폼을 통해 많은 팬들을 모으고 있다.

정 교수는 "이러한 공존은 계속될 것이며, 다만 소수의 대작 할리우드 영화와 인디 영화를 제외하고는 대부분의 실사 영화들이 로케이션 대체 등 비용 절감을 위해 점점 더 CGI를 일상적으로 사용할 것이다"라고 예견했다.

흥미로운 것은 〈탑건: 매버릭〉은 말할 것도 없고 100% CGI 애니메이션인 〈히바로〉조차 인간이 중요한 요소라는 것이다. 미엘고 감독은 〈히바로〉를 위해 현대무용가들과 특별히 협업했으며 안무가 사라 실킨Sara Silkin,1984~의 안무와 무용가들의 연기를 바탕으로 애니 캐릭터들의 표정과 몸짓을 구현했기에 대사 한 마디 없이 감정과 상황을 전달하는 작품이 가능했다고 말한다. 가상인간과 인공지능이 인간을 대체하리라는 염려가 있지만 매버릭의 대사처럼 "그럴지도 모르죠. 하지만 오늘은 아닙니다"인 것이다.

역사적·개인적 해석 모두 가능한 〈히바로〉

〈히바로〉의 내용은 이렇다(※스포일러 있음). 미지의 숲을 지나던 기사단이 호수의 황금 정령(편의상 그리스 신화에서 아름다운 노래로 사람들을 홀리는 '세이렌'으로 부르겠다)과 맞닥뜨리는데, 세이렌은 기묘한 소리로 사람들을 홀려 광란해서 물로 뛰어들게 한다. 결국 기사단은 전멸하고 청각장애 기사만 홀로 살아남는다. 처음으로 자신의 마법이 통하지 않는 기사에게 흥미를 느낀 세이렌은 그를 몰래 쫓아다니다 애정(?)을 표시한다. 기사도 세이렌에게 끌리는데, 그녀 자체보다 그녀를 뒤덮은 보석과 황금에 눈이 돌아간 듯하다.

기사단의 모습이 콩키스타도르conquistador(스페인어로 '정복자'라는 뜻으로 15~16세기에 중남미에 침입한 스페인 기사들을 가리킨다) 스타일인 데다가, 주인공 기사가 황금에 집착해서 세이렌을 해치고 그 대가를 치르기 때문에, 이 작품의 주제가 황금에 대한 탐욕으로 중남미의 원주민과 대자연을 짓밟은 유럽 제국 비판이라는 해석도 많다. 감독 미엘고는 아니라고 부인하지만, 이런 해석이 나올 걸 어느 정도 예측했을 것이다.

하지만 감독이 의도적으로 배경 시공간을 모호하게 한 것도 간과할 수 없다. 숲은 전나무와 낙엽수가 많아서 중남미 열대 밀림으로 보기 어렵고, 기사의 인종도 모호하며, 세이렌의 경우 얼굴은 동아시아인에 가깝고, 의상은 유럽·인도·북아프리카 스타일의 혼합이다. 유럽 전설의 헐벗은 미녀 모습 대신 고대 우상과 로봇이 섞인 듯한 세이렌의 모습은 기괴하면서도 아름답고, 공포스러우면서도 때때로 사랑스럽다. 반면에 기사는 시종일관 호감 가지 않는 불길한 모습인데, 특히 황금을 보며 눈을 번뜩일 때는 세이렌보다 훨씬 더 괴물 같다. 그런 특성을 강조하기 위해 감독이 일부러 그에게 콩키스타도르의 갑옷을 입혔는지도 모를 일이다.

그러나 이 애니메이션은 세이렌이 기사에게 일방적으로 희생당하는 이야기가 아니며 물론 그 반대도 아니다. 감독의 말대로 "상상할 수 있는 가장 유독한 관계"에 대한 이야기다. 세이렌이 기사에게 보이는 애정은 순수하고 잔인한 어린아이가 흥미로운 존재에게 보이는 소유욕의 차원이다. 그녀는 기사가 피를 흘리며 괴로워해도 아랑곳하지 않고 날카로운 이와 스팽글(!) 입술로 키스한다. 한편 기사에게 세이렌은 철저히 도구에 불과하다. 세이렌을 뒤덮은 황금과 보석은 비늘과 같아서 억지로 뜯어내면 피가 나는데, 기사는 탐욕에 미친 눈으로 그것들을 마구 뜯어낸다. 이 장면은 감독이 선정적으로 잔인한 장면이 되지 않도록 애쓴 흔적이 역력한데도, 그 비정함에 차마 보기 괴로울 정도다.

세이렌의 사랑은 순진하게 잔인하지만 기사에 의해 한층 더 잔인하게 박살난다. 한편 기사는 그녀의 피가 섞인 강물로 귀가 트인 후 오로지 황금의 번쩍거림에 눈을 빼앗기던 것에서 벗어나서 비로소 주변의 온갖 소리를 듣게 된다. 하지만 그에게 난생 처음 밀려오는 소리의 홍수는 공포 그 자체다. 게다가 황폐해진 몸으로 죽다 살아난 세이렌의 처절한 울부짖음을 듣게 되면서 그는 이제 그 소리에서 자유로울 수 없어서 파멸한다. 이 결말과 그에 이르는 과정이 무척 참담한데 무척 아름답다. 19세기 영국 낭만주의 시인 존 키츠John Keats, 1795~1821처럼 표현하면 "비참함을 그에 걸맞는 장려함으로 옷 입혔다."

거짓말쟁이 챗GPT
'누칼협' 문자 능청맞게 지어냈다

동생의 친구인 박 교수로부터 충격적인 이야기를 들었다. 경영대 교수인 그녀는 학술저널에 제출할 논문을 준비 중이었다. 참고자료로 브랜드 자율규제에 관한 선행 논문이 필요했다. 평소 사용하는 학술 데이터베이스에서 마땅한 자료를 찾지 못했다. 불현듯 '챗GPT라면 나보다 더 잘 찾을지 모른다'는 생각이 머리를 스쳤다.

영어로 챗GPT에 질문했더니 순식간에 〈비즈니스 윤리 저널 Journal of Business Ethics〉에 교수가 찾던 주제의 논문이 있다면서 제목과 저자·연도·초록(논문에 삽입된 요약문) 등 상세한 정보를 올려주었다. "과연!" 감탄사가 절로 나왔다. 그러나 막상 챗GPT가

알려준 저널에 들어가 아무리 찾아봐도 그런 논문은 없었다. 애초부터 존재하지 않는 논문의 가짜 정보를 만들어 올렸던 것이다.

"초록 내용이 하도 그럴 듯해서, 논문이 분명히 있는데 제가 못 찾는 것이라고 생각했어요. 한참 뒤지고 나서야 그런 논문 자체가 존재하지 않는다는 것을, 챗GPT가 창의적으로 만들었다는 것을 깨닫게 됐습니다. 기가 막혀서 선배 교수님에게 그 이야기를 했더니 교수님도 '챗GPT가 거짓말을 너무 많이 한다'고 하시더군요. 그나마 우리(전문가)는 챗GPT가 주는 정보를 검증할 수 있는 다른 데이터베이스가 있으니 알아차린 거죠. 만약 특정 분야의 전문가가 아닌 사람이 그 분야에 대해 질문했을 때 챗GPT가 이런 식으로 가짜로 만들어서 답을 주면 세상을 굉장히 어지럽힐 수 있겠다는 걱정이 듭니다." 체험에서 우러난 박 교수의 걱정은 공연한 우려만은 아닌 듯했다.

가짜 참고문헌까지 만드는 인공지능

2022년 11월 미국의 오픈AI OpenAI 사가 생성형 인공지능 챗봇 '챗GPT'를 내놓은 후 그 파장은 엄청났다. 그 놀라운 대답 실력과 함께 그럴듯한 거짓말도 화제가 되었다. 한국의 교수·연구원 채용정보 플랫폼으로 석박사급 인력이 많이 이용하는 하이브레인넷에서도 챗GPT가 쓴 가짜 논문을 어떻게 가려낼 것인가에 대한 토론이 벌어졌다. 'Commonpeople'이라는 닉네임의 유저는 이러한 가짜 논문의 대표적인 특징이 존재하지 않는 가짜 참고문헌을 제시하는 것이라면서 챗GPT가 가짜 참고문헌을 만드는 방식에 대해 이렇게 설명했다.

"예로, '김철수(2000), 「IT 산업의 미래」, 법문사'와 '홍길동(2010), 「바이오 기업의 기술」, 창문사'라는 진짜 출간된 논문이 있다고 합시다. 챗GPT는 이를 합쳐서 '최길수(2000), 「바이오 IT의 미래」, 경문사'라는 가짜 레퍼런스(참고문헌)를 만들어줍니다."

나 역시 놀라운 경험을 한 적이 있다. 챗GPT에게 최근 퍼진 유행어 '누칼협'에 대해 설명해보라고 했다('누칼협'은 '누가 칼 들고 협박했나'의 줄임말로 어떤 사람이 자기 의지로 선택한 일의 결과에 대해서 원망할 때 조롱하는 의미로 사용된다). 만일 챗GPT가 아직 이 신조어를 학습하지 못했다면 "모릅니다"고 답해도 그만이었다. 그러나 챗GPT의 사전엔 '모른다'는 단어는 없었다. 챗GPT는 자신만만하게 이런 대답을 내놓았다.

"(전략) 이 단어는 '느긋하게 칼로리 협상'을 줄여서 만든 말로, 건강과 삶의 질을 중요시하면서도 식단을 엄격하게 관리하지 않고 유연한 태도로 칼로리 섭취를 협상하는 것을 의미합니다. 누칼협은 과도한 다이어트와 식이요법에 대한 부정적인 인식에 대응하여 탄생한 말입니다. (후략)" 너무나 능청스럽고 그럴 듯한 설명에 순간 '이런 의미의 누칼협도 따로 있었던가'라는 착각이 일 정도였다.

잠시 멍청하게 있다가 챗GPT에게 "아니야, 누칼협은 '누가 칼 들고 협박했어'의 줄임말이야. 다시 설명해줘"라고 명령했다. 그러자 챗GPT는 "죄송합니다. 제가 이해를 잘못했네요"라고 상냥하게 대답하더니 "누칼협(누가 칼 들고 협박했어)은 한국에서 사용되는 신조어로, (…) 상황이 강제적으로 변화된 것처럼 느껴지는 경우에 사용됩니다. 예를 들어, 어떤 사람이 갑작스럽게 다른 사람의 의견에 동의하거나 행동을 변화시킬 때, 주변 사람들은 '누칼협?'이라고 물어볼 수 있습니다. (…)"이라고 또 다시 그럴 듯한 거짓말을 늘어놓았다.

결국 우리가 어떻게 다룰 것인지가 문제

챗GPT는 왜 거짓말을 하며 어떻게 이렇게 거짓말을 '잘' 하는 것일까. 한국의 인공지능 기업인 솔트룩스의 이경일 대표의 설명에 따르면 이렇다.

챗GPT는 학습된 어마어마한 지식과 언어 중에서 특정 단어 다음에 올 가장 자연스럽고 문맥에 맞을 만한 단어를 선택하는 방식으로 글을 만드는데, 확률통계적 선택을 한다. 주사위를 던지는 것과 유사하다. 그래서 똑같은 질문을 해도 답변이 매번 다르다. 이 중에서 인간이 보기에 어떤 답변이 좋은지를 학습하는 것이다. 그 진위는 GPT조차 판별하지 못한다. 그래서 GPT의 가장 큰 문제 중 하나로 할루시네이션hallucination(환각)을 꼽는다고 한다. 약물 등으로 환각 상태에 빠지면 자신의 상상과 현실이 완전히 겹쳐져서 변별하지 못하는 것과 비슷하다.

이 대표는 "어떤 의미로는 GPT가 상당히 위험한 것은 맞으나, 다른 의미로는 그만큼 창의성이 있는 것이라 볼 수도 있다. GPT 나름의 방식으로 상상을 하고 창의력을 발휘하는 것이다. 결국 우리가 어떻게 반응하고 다룰 것인지가 중요한 숙제다"라고 덧붙였다.

사실 챗GPT가 '누칼협'을 '느긋하게 칼로리 협상'이라고 대답하는 것은 천연덕스러운 거짓말이기도 하지만 시나 소설을 쓰는 수준의 놀라운 창의력으로도 볼 수 있다. 실제로 챗GPT는 주어진 단어로 삼행시·사행시를 쓰는 데 뛰어나다는 것이 검증된 바 있다. 늘 회식자리에서 새로운 건배사를 찾는 부장님들이 참고할 만하다. 이 대표는 "결국 인간이 GPT의 거짓을 변별하는 능력을 갖추고 통찰력 있는 질문을 해서 GPT로부터 창의적이고 통찰력 있는 답을 끌어내 활용해야 한다"며 "앞으로는 정답을 찾는 시대가 아니라 '위대한 질문'의 시대가 될 것"이라고 전망했다.

반면 기술철학자 손화철 한동대 교수는 우려를 표했다. 챗GPT의 대답에 대해 거짓을 지적할 수 있는 사람은 고전적인 교육을 충분히 받고 챗GPT의 답변 수준을 판단할 수 있는 사람이라는 것이다. 그는 말했다.

"앞으로 디지털 네이티브처럼 챗GPT 네이티브도 생기게 될 터인데, 과연 어렸을 때부터 챗GPT에 묻고 답하며 자라온 사람이 이런 판단 능력을 지닐 수 있을까. '위대한 질문'의 시대라는 말에 동의하지만 위대한 질문을 하려면 질문자의 역량을 키워야 하는데, 이 역량을 키우는 것에 챗GPT가 도움을 줄 수 있을까. 그래서 나는 어릴 때는 챗GPT를 못 쓰게 해야 하지 않나 막연하게 생각해본다."

손 교수는 또 이러한 역량의 차이가 경제사회적 양극화로 이어질 것을 우려했다. 역사적으로 기술 발전이 경제적인 양극화로 이어지는 일이 많았으니 말이다. "챗GPT를 개발하고 서비스를 제공하는 사람과 그렇지 못한 사람, 챗GPT를 활용할 수 있는 사람과 수동적으로 이용해야 하는 사람, 위대한 질문을 할 수 있는 사람과 할 수 없는 사람, 그 양극화를 생각해야 한다." 과연 우리 모두가 "위대한 질문"을 할 수 있는 세상이 될 수 있을까, 그게 문제인 것이다.

생성형 인공지능과 양극화
인공지능이 거장의 탄생에 미칠 영향

"이 사람은 스케치에는 재능이 있는데 붓만 들면 그림이 이상해진다니까!"

19세기 말 가난한 무명 화가의 모델을 서던 남자가 투덜거렸다. "이 사람"은 누구였을까? 바로 빈센트 반 고흐 Vincent van Gogh, 1853~1890다. 반 고흐는 자신이 현실에서 보는 자연과 인간을 화폭에 옮기되 관습적이지 않은 색채와 즉흥적인 붓질로 내면을 표출하는 쪽이었다. 동료 화가 폴 고갱 Paul Gauguin, 1848~1903마저 그런 작업이 "무질서하다"며 비판했다. 하지만 오늘날 반 고흐는 현대미술의 뿌리가 된 거장들 중 한 명으로 여겨진다.

그렇다면 인공지능이 반 고흐 같은 그림을 만들 수 있을까?

반 고흐 그림을 학습한 인공지능 이미지 생성기에게 그 스타일로 그려달라고 하면 척척 그려준다. 하지만 과연 반 고흐라는 화가가 이미 존재하지 않았다면 인공지능는 반 고흐 같은 그림을 그릴 수 있는가?

생성형 인공지능이 나오기까지

이 질문에 답하기 위해 인공지능의 역사를 한번 돌아보자. 백설공주처럼 독사과를 먹고 세상을 떠났다는 전설로 유명한 천재 성소수자 수학자 앨런 튜링Alan M. Turing,1912~1954이 '튜링 테스트'를 제안한 것이 1950년이었다. 기계가 인간처럼 생각할 수 있다는 아이디어를 공식적으로 제시한 첫 사례였다. 인지심리학자 존 매카시John McCarthy,1927~2011가 다트머스 학회에서 '인공지능Artificial Intelligence'이라는 용어를 처음 제시한 건 1956년이었다. 1959년에는 인간이 기계에게 동작을 일일이 코드로 지시하지 않아도 기계가 데이터로부터 학습해 실행할 수 있게 하는 '머신러닝(기계학습)'의 개념이 나타났다. 그러나 머신러닝의 진전은 한동안 신통치 못했다.

한편 머신러닝의 한 분야로서 인간 뇌의 활동 방식에서 착안

한 알고리즘인 인공신경망과 그런 신경망을 '깊게deep' 쌓는 딥
러닝이 논의되고 있었다. 특히 1986년 인지심리학자 제프리 힌
튼Geoffrey Hinton,1947~이 역전파backpropagation 알고리즘을 신경망
학습에 적용하는 방법을 발표하면서 딥러닝의 전환기가 왔다.
2000년대 후반 들어 딥러닝을 받쳐줄 컴퓨터 성능과 빅데이터
가 충분해지면서 이미지 인식, 음성 인식, 기계 번역, 자연어 처
리 등에서 획기적인 성과를 나타났다.

그 후 인공지능 모델은 2010년대 초반 합성곱 신경망CNN,
2010년대 중반 순환 신경망RNN, 2017년 구글이 제시한 트랜스
포머Transformer 순으로 대세가 되어왔다. 지금 우리 생활에 파고
든 GPTGenerative Pre-trained Transformer 모델이, 그 이름에서 알 수
있듯이, 바로 트랜스포머 기반이다.

그렇다고 기존 인공지능 모델을 다른 모델이 완전히 대체하
는 것도 아니다. 합성곱 신경망은 이미지 처리에 뛰어나며 얼굴
인식, 자율주행차의 장애물 인식 등등에 쓰인다. 이미지에만 강
한 게 아니라서 2016년 바둑 기사 이세돌 9단과의 대결해서 승
리해 전 세계를 놀라게 한 알파고 역시 합성곱 신경망을 주로
이용했으며, 인공지능 번역의 신흥 강자로 떠오른 독일 번역기
딥엘DeepL도 합성곱 신경망을 쓴다고 한다. 순환 신경망은 순차
적 데이터를 처리하는 데 뛰어나며 시계열 예측이나 음성 인식

등에 사용된다. 구글 번역기와 네이버 번역기 파파고가 순환 신경망을 이용한다.

트랜스포머는 순환 신경망과 유사한 점이 있지만 그와 다른 '어텐션attention(주의) 메커니즘'이 있어서 데이터의 어떤 부분에 더 주의를 기울이거나 덜 기울일 수 있다. 이로써 문장이나 문서에서 중요한 단어나 구문에 더 많은 주의를 기울여서 큰 문맥을 더 잘 이해한다. 재미있는 것은, 이미지 생성은 합성곱 신경망을 기반으로 하는 게 일반적이지만 챗GPT와 함께 오픈AI에서 나온 이미지 생성 인공지능 달리Dall-E는 트랜스포머 기반이라는 것이다. 따라서 "사과처럼 생긴 소파"처럼 상상력을 요하는 텍스트 설명에 따른 이미지를 생성할 수 있다.

"그럴 듯하게" 만드는 것의 한계

전 챕터에서 보았듯이 GPT를 기반으로 대화형 인공지능 '챗GPT'는 창의적인 거짓말에 능하다. 학습한 데이터 중에서 특정 단어 다음에 올 가장 문맥에 맞을 만한 단어를 선택하는 것이지, 진위를 판별해서 선택하는 게 아니기 때문이다. 그때그때 주사위를 던져 정하듯이 가장 그럴 듯한 단어를 선택해 문서를 만들고, 그 중에서 인간이 선호하는 답변을 다시 학습한다.

　달리를 비롯한 이미지 생성 인공지능이 그림을 만드는 식도 비슷하다. 가장 그럴듯하며 인간이 선호할 만한 그림을 만드는 것이지, 반 고흐처럼 자신의 내면을 독창적으로 표출하려 하거나 피카소처럼 혁명적인 화풍을 추구하는 게 아니다. 그러니 인공지능 이미지 생성기가 전위예술의 거장이 될 일은 없어 보인다. 인공지능은 사람들에 입맛에 맞는 그럴듯한 이미지를 만들도록 되어 있는 반면에, 전위예술은 일반 대중의 시각과 통념적인 미의식을 앞서 나가서 충격이나 거부감을 주기 마련인 예술을 가리키니 말이다.

　인공지능 이미지 생성기는 이미 인정받는 전위예술가들의 스타일로 그림을 그릴 수 있을 뿐이다. 예를 들어 달리2 생성기에게 "전위미술 스타일의 코끼리"를 그려보라고 하면 매우 전형적인 코끼리의 기본 형태에 여러 유명 화가의 화풍을 버무린 듯한 이미지를 만들어줄 뿐이다.

　이것을 2023년 광주비엔날레에서 박서보 예술상을 수상한 엄정순 작가의 〈코 없는 코끼리〉를 비교해보자. 엄정순 작가가 시각장애 학생들이 청각·촉각·후각으로 코끼리를 관찰하는 미술 프로젝트를 기획하며 얻은 영감을 표현한 작품이다. 눈이 보여도 늘 틀에 박힌 코끼리 이미지밖에 떠올리지 못하는 우리에게

인공지능 이미지 생성기 달리2가 만든 〈전위미술 스타일의 코끼리〉

코끼리의 다른 면을 경험하게 해주는 작품인데 참으로 기발하며 인지와 생각의 지평을 넓혀준다. 이걸 인공지능이 만들 수 있을까? 더구나 독창적 예술을 위해서는 이처럼 독창적인 감각적 체험이 중요한데 인공지능은 감각기관이 없다.

따라서 순수미술가나 독창적인 디자인 일러스트레이션 작업을 하는 사람 중에 인공지능에 대해 크게 걱정하는 이들은 아직 많지 않다. 카이스트에서 인공지능 체험 연구실을 운영하는 이탁연 교수는 "전문 작가들의 경우 인공지능을 참고자료 모아주는 검색엔진처럼 생각하는 경향이 있다. (…) 어차피 그것을 자료로 자신이 최종 작품을 만들 것"이라고 설명했다. 문제는 이 교수도 말하듯 "단편적이고 비교적 단순한 작업을 하는 일러스트레이터의 경우 (인공지능에 의해) 일자리를 잃을 가능성이 크다"는 것이다. 또한 인공지능이 학습하는 데이터의 저작권도 문제가 된다.

생성형 인공지능이 가져올 작가 양극화

한국에서도 그와 관련한 사건이 여럿 있었다. 대표적인 것이 2023년에 인공지능이 생성한 것으로 의심되는 신규 네이버 웹

엄정순, 〈코 없는 코끼리〉, 2022년, 철파이프, 철판, 모직 태피스트리, 300×274×307cm,
코없는코끼리ⓒ엄정순2022, (재)광주비엔날레 제공

툰에 최저 별점과 분노의 댓글 수천 개를 받은 사건이었다. 제작 스튜디오는 사람이 그렸고 "마지막 단계에서 인공지능을 이용한 보정작업을 한 것"이라고 해명했지만, 독자들은 인공지능 생성 이미지 특유의 부자연스러운 점들을 지적하며 의심을 거두지 않았다

"인공지능으로 양산형 웹툰(비슷비슷한 내용과 화풍으로 대량생산되는 웹툰)이 판치고 웹툰 산업은 몰락할 것"이라는 비판이 쇄도했다. "산업혁명 때 러다이트 운동(기계파괴운동)을 보는 것 같다", "피할 수 없는 기술의 흐름 아닌가?", "어차피 양산형 웹툰 많은데 그걸 사람이 그리든 인공지능이 그리든 무슨 상관인가?", "개성 있는 웹툰은 상관없는 것 아닌가?" 같은 반응도 있었다. 하지만 "밥그릇만 문제가 아니라 인공지능이 기존 작가들 그림체를 학습하고 모방해서 그 저작권을 침해하지 않는가?", "인공지능 사용이 보편화하면 양산형 웹툰이 더욱 더 성행하고 개성적인 작가들도 결국 피해가 갈 것"이라는 재반박도 잇따랐다.

이 사건은 인공지능에 위협받는 업계 당사자들의 거부감이 전문가들이 예측한 것보다 크다는 점, 그리고 향후 다른 산업으로 확산될 문제라는 점에서 주목할 만한 사건이었다.

생성 인공지능의 학습 데이터 저작권을 둘러싼 법적인 분쟁은 세계적인 현상이며 따라서 한국을 비롯한 각국 정부는 법제

화를 추진 중이다. 미진하더라도 이 문제는 법과 규제를 통해서 어느 정도 풀 수 있을 것이다. 더 크고 심각한 문제는 앞으로 인공지능 세상이 가져올 극심할 양극화이다. 나는 인공지능에 대한 기사를 여럿 쓰면서 전문가들을 인터뷰했는데, 그들이 모두 한 목소리로 우려 섞인 예고를 하는 것은 산업 전반에 걸쳐 나타날 양극화였다.

순수예술은 물론, 대중적인 웹툰 업계에서도 독창적인 내용과 그림체로 이미 입지를 굳힌 작가라면 인공지능은 위협이 되기는커녕 오히려 좋은 도구가 될 수 있다. 문제는 그들 소수만 살아남고 그런 역량을 갖추지 못한 다수의 작가들은 인공지능에게 몰려 몰락할 것이라는 점이다.

인공지능을 주체적으로 활용하고 인공지능과 경쟁할 역량을 기르면 되지, 그렇지 못한 게 문제 아니냐고 반문할지도 모르겠다. 그러나 아직 역량을 기르지 못한 작가들 중에는 미래에 어떻게 성장할지 모르는 어린 작가들이 다수 포함되어 있다. 창작자의 풀 자체가 너무 줄어들어버리면 미래의 거장이 나타날 기회도 줄어든다. 우리는 지금 거대한 사회적 도전에 직면해 있다.

혼종의 나라

1판 1쇄 발행 2024년 3월 25일
1판 2쇄 발행 2024년 4월 17일

지은이 · 문소영
펴낸이 · 주연선

(주)은행나무
04035 서울특별시 마포구 양화로11길 54
전화 · 02)3143-0651~3 | 팩스 · 02)3143-0654
신고번호 · 제 1997—000168호(1997. 12. 12)
www.ehbook.co.kr
ehbook@ehbook.co.kr

ISBN 979-11-6737-402-8 (03300)